Tom Hodgkinson & Dan Kieran (Hrsg.)

Das Buch der hundert Vergnügungen

Illustriert von
Stephanie F. Scholz
Aus dem Englischen von
Michael Hein

ROGNER & BERNHARD

3. Auflage, Januar 2014

Die Originalausgabe erschien 2008 unter dem Titel *The Book of Idle Pleasures* bei Ebury Press, einem Imprint von Ebury Publishing, eine Random House Group Company.
Für die deutsche Ausgabe

ISBN 978-3-95403-020-0
www.rogner-bernhard.de

Lektorat: Ida Thiemann
Einbandgestaltung: Chrish Klose/Wednesday-Paper Works
Einbandabbildung: © Stephanie F. Scholz
Layout und Herstellung: Leslie Driesener, Berlin
Gesetzt aus der Stempel Garamond
durch omnisatz GmbH, Berlin
Druck und Bindung: CPI – Clausen & Bosse, Leck
Printed in Germany

INHALT

EINLEITUNG

> Das Leben duldet keinen Aufschub; wo ein Genuss zu haben ist, da ist es stets bereit dafür.
> *Samuel Johnson*

Ziel dieses Buches ist es zu beweisen, dass die besten Dinge im Leben tatsächlich kostenlos zu haben sind. Seit rund zweihundert Jahren sind wir im Westen von der fixen Idee besessen, dass Spaß eine teure Sache sei. Wir placken uns mit Arbeiten ab, die uns überhaupt keine Freude machen, um auf diese Weise Geld zu verdienen, damit wir Dinge tun können, die uns Spaß machen. Nun, das müßige, kostenfreie Vergnügen hilft Ihnen dabei, diesem kostspieligen, enttäuschenden Irrtum zu entkommen. Das müßige Vergnügen hilft uns, auf elegante Weise dem Gedränge und Gehetze der Welt des angestrengten Schuftens und Shoppens zu entgehen und stattdessen in eine Welt der Freude und Freiheit einzutreten. Sich einem Vergnügen aus purer Lust daran hinzugeben ist vielleicht sogar ein Akt der Rebellion, was ihm einen gewissen zusätzlichen Reiz verleiht. Seit Martin Luther und all den freudlosen Puritanern nach ihm hat sich die protestantische Kirche gegen Vergnügungen ausgesprochen, weil sie zum ernsthaften Geschäft der Erlösung und des Geldverdienens nichts beitragen. Vergnügen, insbesondere wenn man nichts dafür bezahlen muss, ist in höchstem Maße nutzlos. Es trägt nichts zum Wirtschaftswachstum bei. »Das Verbrechen des Müßiggangs wird von dem Augenblick an vergeben, in dem es zum Konsum anregt«, schreibt der belgische Philosoph Raoul Vaneigem in *Das Buch der Lüste*. Und er fährt fort: »Nicht um weniger zu leiden, sondern um besser zu genießen, will ich kämpfen.«

Müßige Vergnügungen haben mit Selbstbestimmtheit, Freiheit und Unabhängigkeit zu tun. Wenn wir im Sommer unter den Bäumen im Park ohne Gewissensbisse ein Nickerchen machen, dann beanspruchen wir damit unser Recht darauf, so zu leben, wie wir wollen. Wenn wir ganz ohne Eile einen Bummel durch die Stadt machen und dabei allein dem Treiben des Lebens zuschauen, ohne dem Drang zum Kaufen nachzugeben, dann protestieren wir auf genussvolle Weise gegen die Arbeits- und Konsumgesellschaft.

Müßige Vergnügungen können uns auch wieder in Kontakt zur Natur bringen. In den letzten zwei bis drei Jahrhunderten bestand das große Ziel des Menschen darin, an der Natur alles das abzulehnen, was ihm nicht gefällt. Das ist der Grund, weshalb es Klimaanlagen, Zentralheizungen, Beton, Autos und soziale Netzwerke im Internet gibt. Diese vom Menschen erfundenen Dinge sind alle dazu angelegt, die schmuddelige Natur zu umgehen. Es sind Versuche, eine schöne neue Welt zu schaffen, in der man das Altern aufhalten kann und in der es Schmutz und Kälte nicht gibt.

Müßiggänger hingegen lieben die Natur. Sie kostet nichts und tut gut. Etwas so Einfaches, wie am Strand einen Stein über das Wasser hüpfen zu lassen, bringt uns auf den Boden der Erde zurück. Niemand muss den Stein dazu kaufen oder das Wasser mieten oder einen Kurs absolvieren, wie man Steine hüpfen lässt. Es gibt Steine genug. Ja, die Idee zu diesem Buch entstand, als Ged Wells und ich in der Woody Bay saßen, von meiner Wohnung aus der nächstgelegene Strand, und darüber philosophierten, dass die Natur alles kostenlos bereithält, während von Menschenhand gemachte Vergnügungen sehr teuer sind. Außerdem war uns aufgefallen, dass fernab von jedem Geschäft die Kinder weder stritten noch herumjammerten oder uns anbettelten, wir sollten ihnen etwas kaufen: Es gab genug Meer und Sand für alle, weshalb sich niemand darum zu streiten brauchte.

Müßige Vergnügungen sind zudem äußerst ökologisch. Nichts schädigt die Umwelt weniger, als nichts zu tun. Auf einer Wiese zu liegen und in den Himmel zu blicken kann man als eine geradezu planetenerhaltende Tat betrachten. Die Neigung des Menschen, sich überall einzumischen, und sein tragischer Tatendrang sind die Gründe für das gierige Abzapfen der Öle und Gase dieser Erde.

Wir sollten uns wieder anschauen, wie es früher gemacht wurde. Allzu oft wird jeder, der sich auf der Suche nach Ideen, wie man heute leben könnte, mit der Geschichte beschäftigt, als Romantiker oder Nostalgiker abgestempelt. Ich hingegen möchte behaupten, das Gegenteil zu tun, also an die Zukunft zu glauben, ist völlig unvernünftig. Die Zukunft ist noch nicht passiert und bleibt deshalb etwas ganz und gar Abstraktes. Und führt denn ein Sammelsurium von technischen Spielereien, die vermeintlich Arbeit sparen, wirklich dazu, dass Arbeit eingespart wird? Führen diese ganzen Apparate, die kurzen Prozess machen sollen mit der lästigen Plackerei, nicht in

Wirklichkeit dazu, dass sich unser Arbeitspensum erhöht, weil wir dann nämlich, mit den Worten eines modernen Marktstrategen zu sprechen, von uns »mehr Leistung« erwarten? Die alte Idee, selbst für seinen Spaß zu sorgen, seine eigene Fantasie und Kreativität dafür einzusetzen, statt jemand anderen dafür zu bezahlen, ist meiner Meinung nach die vernünftigere Herangehensweise. Und was könnte einfacher sein und mehr Freude machen, als sich auf eine Gartenpforte zu lehnen? Ich sage Ihnen, Sie werden entdecken, worauf es wirklich ankommt im Leben.

In einer Welt voll Stress und Ärger und pausenloser Schufterei kann das müßige Vergnügen uns dabei helfen, wieder zu leben und Freude daran zu haben, unserer angeborenen Liebe zur Natur, zur Sinnlichkeit und zur Geselligkeit zu frönen, ohne uns den Rücken zu ruinieren oder eine Bank zu überfallen. Lasst uns die Fesseln des modernen Lebens abschütteln und uns ganz dem Vergnügen hingeben. Das ist das Wahre.

Tom Hodgkinson

North Devon, Februar 2008

Die Vergnügungen …

EIN BAD NEHMEN

In einer Welt der »Power-Duschen« und der belebenden »Glücksrausch«-Duschgel-Produkte für den modernen Karrieremenschen tut man gut daran, sich der einfachen Vergnügung eines ausgiebigen, wohltuenden Bades zu erinnern, für das man vorzugsweise gegen elf am Morgen in die Wanne steigt, wenn alle in den Fabriken schuften und Sie sich telefonisch krankgemeldet haben. Folgen Sie der mittelalterlichen Tradition und füllen Sie das Bad mit duftenden Kräutern und Rosenblüten. Laden Sie Ihre Geliebte zu sich in die Wanne. Bleiben Sie viel zu lange in der Wanne und lassen Sie regelmäßig heißes Wasser nachlaufen, indem Sie den Drehknopf mit dem Fuß bedienen, weil Sie einfach zu faul sind, um sich aufzusetzen und es mit der Hand zu tun. Liegen Sie bloß da und schauen Sie zur Decke, bis Sie beinahe – aber nicht ganz – sanft ins Land der Träume entschlummern, völlig entspannt, während der Schaum um Sie herum langsam in die Höhe steigt und der Arbeitsalltag zur Bedeutungslosigkeit verblasst. TH

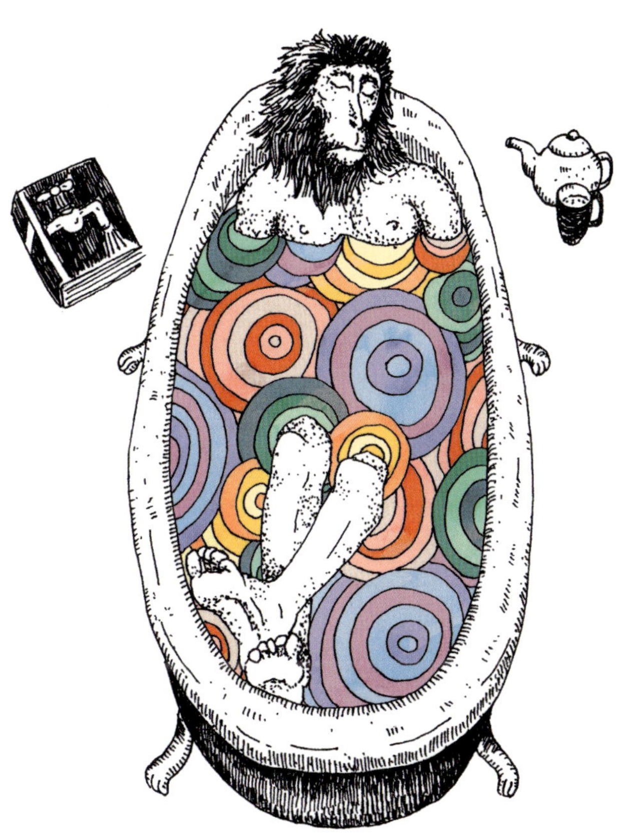

DAS FEUER SCHÜREN

Sobald Sie ein prasselndes Feuer in Gang gebracht haben, gönnen Sie sich das simple Vergnügen, von Zeit zu Zeit kräftig darin herumzustochern, um es zu schüren. Ein Schürhaken ist nämlich nicht bloß dazu da, ein ausgehendes Feuer wieder zum Leben zu erwecken. Am besten setzt man ihn vielmehr ein, wenn die lodernden Flammen ein Feuer im Schornstein zu entfachen drohen und Sie vor Hitze kaum nahe genug an den Rost herankommen, um den Haken in die Glut zu stecken. Das ist genau der Moment, um Kohlen, die ein wenig zur Seite gerutscht sind oder noch nicht ganz Feuer gefangen haben, wieder zurückzuschieben und ein schönes rot glühendes Bett für den krönenden Abschluss zu bereiten: einen schönen trockenen Kiefernscheit. Am besten noch überzogen mit einer Kruste aus Reif, Eis oder Schnee, denn dieser feuchte Überzug wird dem Rauch, der aus dem lodernden Haufen aufsteigt, eine andere Note geben und überdies vermutlich ein behagliches Zischen hervorbringen. Stoßen Sie den Schürhaken ins Herz des Feuers und lassen Sie ihn dort stecken, während Sie sich bequem in Ihrem Sessel zurücklehnen und noch einen Schluck von dem 25 Jahre alten Whisky nehmen, den Sie extra für eine solche Gelegenheit aufbewahrt haben. Nach einigen Minuten wird der Schürhaken rot glühen; dann ziehen Sie ihn wieder heraus und tauchen ihn in einen Eimer voll kaltem Wasser. Spüren Sie genüsslich, wie er in Ihrer Hand zittert, wenn er augenblicklich abkühlt und ein beißender Dampf aus dem Eimer aufsteigt. JS

HERUMLÜMMELN

Fünfundneunzig Prozent aller Kommunikation geschieht nonverbal, und Ihr Körper hat seine ganz eigene Sprache. »Lümmel nicht so rum!« – wie oft haben Sie das von Ihrer Mutter und Ihrem Lehrer zu hören bekommen –, aber das Rumlümmeln ist eine Haltung des stummen Widerstands. Ein gemächliches Rutsch-mir-den-Buckel-runter an die Adresse der produktiven Bevölkerung. Das Herumlümmeln hat aber auch seine Nachteile, gilt diese krumme und schiefe Haltung doch als Ursache für verminderte Aufmerksamkeit und Krampfadern – was das Lümmeln zweifellos zum Rauchen des Sitzens macht.

DK

BLÄTTER FANGEN

Wenn im Herbst die ersten Blätter um mein Haus flattern, ist das das Startzeichen für ein traditionelles Ritual in unserer Familie. Denn als Glücksbringer für die nächsten zwölf Monate ist es unerlässlich, dass wir, sobald die Herbstwinde zu wehen beginnen, vor die Tür gehen und zwölf fallende Blätter fangen, oder es zumindest versuchen. Das klingt leicht, aber es ist gar nicht so einfach, wirbelnde, trudelnde, purzelnde Blätter aus der Luft zu pflücken. Und der Wettstreit um besonders bunte oder hübsch geformte Exemplare kann leidenschaftlich werden, wenn ein Windstoß sie in einer dichten Wolke durch die Luft wirbelt – ein wunderbarer, mitunter auch recht wilder Spaß.

CY

DER BALKON

Ein guter Balkon ist eine elementare Voraussetzung für einen Tag wohligen Faulenzens. Er kann sich in der 18. Etage eines Hochhauses befinden, wo Sie die Gänseblümchen im Blumenkübel gießen, sich mit einer Flasche Bier im Liegestuhl räkeln und über die vielfältig miteinander verschlungenen Geschichten der Stadt sinnieren. Oder aber im dritten Stock einer Villa in Portugal, wo Sie sich unentschlossen am Grill zu schaffen machen und sich schließlich eine Flasche Rotwein schnappen, während unter Ihnen das Meer träge dahinrollt. Er kann sich auch an Ihrem Arbeitsplatz im vierten Stock befinden, ein Ort heimlicher Zusammenkünfte, kurzer sexueller Begegnungen und demonstrativer Gleichgültigkeit gegenüber der verfluchten Arbeit. Wo auch immer Ihr Balkon ist, genießen Sie das Wichtigste an dem Vergnügen, das er Ihnen bietet: Mit einem Fuß stehen Sie in der Welt, und mit dem anderen stehen Sie draußen.

MDA

WARTEN, DASS DER TEE ZIEHT

Erzwungenes Nichtstun ist eine seltene Vergnügung. Diese kurzen Momente im Leben, wenn man sich aus irgendeinem Grund gezwungen sieht, einfach innezuhalten und nachzudenken. Im Wartezimmer zum Beispiel, beim Schlangestehen oder auch bloß, wenn man im Zug sitzt. Darauf zu warten, dass der Tee zieht, ist so ein Moment. Die Zeit reicht nicht, um inzwischen irgendetwas zu »tun«, folglich bleibt Ihnen nichts anderes übrig, als dazusitzen und zu warten, während Ihnen aus lauter Vorfreude auf das dampfende Gold der Mund wässrig wird. Falls Sie doch versuchen sollten, zwischendurch schnell noch etwas zu erledigen, dann werden Sie unweigerlich zu lange oder nicht lange genug dafür brauchen, so dass der Tee entweder zu stark oder zu schwach wird. Die einzige Methode, die erforderliche Zeit exakt abzuschätzen, besteht darin, sich hinzusetzen, nichts zu tun und den Tee zu beobachten. Nur wenn Sie der Kanne Ihre ungeteilte Aufmerksamkeit schenken, werden Sie imstande sein, das volle Aroma des Tees zu genießen, wenn der richtige Moment gekommen ist. DK

HERUMDÜMPELN

Nichts lässt sich damit vergleichen, in einem Boot herumzudümpeln. Von Ratte, Maulwurf und ihren Freunden in *Der Wind in den Weiden* bis hin zu Jerome K. Jeromes drei Männern in einem Boot haben die arbeitsscheuen Tagträumer noch stets Trost gesucht in der verlangsamten Welt unserer Flüsse und Kanäle. Es gibt keine bessere Methode, um sanft in friedliche Träumereien abzudriften, als in einem treibenden Boot zu liegen und die Augen zu öffnen, um ein Stück Himmel zu sehen oder die Wolken oder sachte schwankende Baumwipfel. Wie die meisten müßigen Vergnügungen ist das Herumdümpeln in einem Boot eine Methode, um das Nichtstun zu rechtfertigen. Es gibt einen Haufen Dinge, mit denen man sich beschäftigen kann – Schleusen wollen bedient werden, das Essen zubereitet und das Boot gesteuert –, doch in Wirklichkeit tun Sie nichts, was irgendjemandem in irgendeiner Weise nützlich wäre. Und das ist wundervoll. Das Bootfahren bringt Sie nirgendwohin, denn mit dem Auto ginge es immer schneller. Das Vergnügen besteht darin, den Moment auszukosten.

TH

BAUMHÄUSER

Waren sie ursprünglich dafür konzipiert, den Menschen in luftiger Höhe ein schützendes Obdach zu bieten vor den tödlichen Gefahren, die auf dem Boden subtropischer Regenwälder lauerten, bringen sie uns heutzutage zurück in die Welt der Steinschleudern und Plombenzieher und dienen der Kindheit als Schutz vor der allgegenwärtigen Überwachungsmanie moderner Kindererziehung. Es braucht dafür nichts als den Schrott, der hinter der Hecke liegt, ein paar Dielen oder Bretter vom Müll, Treibholz oder vom Sturm abgerissene Äste, und beim Bauen gibt es nur einen Grundsatz: Es muss groß genug werden, damit zehn Kinder darin Platz finden, und sollte gleichzeitig von außen so klein und wackelig wie möglich wirken, damit neugierige Erwachsene nicht auf die Idee kommen, sich zu weit hinaufzuwagen. Vermeiden Sie um jeden Preis, dafür neues Holz im Baumarkt zu kaufen. Baumhäuser sollen Macken haben, herrlich schäbig aussehen und absolut einmalig sein.

DK

DURCH DIE STADT FLANIEREN

In Paris gab es im 19. Jahrhundert Menschen, die man als *flâneur* bezeichnete. Dabei handelte es sich um eine Art von bummelndem Dandy oder arbeitsscheuem Poeten, der durch die Stadt schlenderte, in den Passagen herumlungerte, auf Bänken lümmelte und Beobachtungen anstellte. Besonders extravagante Flaneure gingen mit Schildkröten spazieren, weil es ihnen gefiel, dass die Schildkröte das Tempo vorgab. Auch Sie können in Ihrer Stadt zum Flaneur werden: Gehen Sie einfach von zu Hause los, aber achten Sie darauf, langsam zu gehen. Anfangs wird Ihnen das unnatürlich vorkommen, doch liegt das nur daran, dass Sie erst einmal die jahrelange Erziehung zur schnellstmöglichen Fortbewegung von A nach B überwinden müssen. Bald schon werden Sie sich an das langsamere Tempo gewöhnen, und Sie werden großes Vergnügen haben an der Welt unendlicher Wunder, die Ihnen das Herumschlendern eröffnet.

TH

ZAUDERN

Jerome K. Jerome hat einmal geschrieben: »Mit dem Müßiggang ist es wie mit Küssen: nur gestohlen sind sie süß«, und damit betreten wir die wunderbare Welt des Zauderns und Prokrastinierens. Wann sonst sind ein paar zusätzliche Minuten im Bett so köstlich, als wenn man eigentlich längst auf dem Weg zur Arbeit sein sollte? Vermutlich könnten Sie jetzt sofort mit Ihren Hausarbeiten beginnen und hätten dann einen Tag frei, bevor Sie sie abgeben müssen, aber wie viel besser ist es, jetzt gleich den Tag freizuhaben, ehe Sie überhaupt mit der Arbeit beginnen? Stehlen Sie sich die Zeit zurück, die Sie auf all die lästigen Besorgungen verwenden, und schwelgen Sie darin, kosten Sie jede Minute aus. Nie habe ich die große DVD-Box der *Herr der Ringe*-Trilogie so reizvoll gefunden wie gerade dann, als die Abgabefrist für dieses Buch immer näher rückte. Richtiges Zaudern allerdings will gelernt sein. Jede Frist muss trotzdem eingehalten werden, sonst verliert das Stehlen der Zeit seine Wirkung. Überhaupt sollte das der Wahlspruch sein, der über sämtlichen Büros landauf, landab prangt: »Minimaler Aufwand, maximale Wirkung!«

DK

RAUCHEN

Viele Müßiggänger rauchen gern. Wir haben dann etwas zu tun, wenn wir dabei sind, nichts zu tun. »Mit jeder Zigarette saugt der Raucher das Müßigsein in sein Leben ein und entschuldigt es zugleich«, bemerkte Colette über diesen ehrenwerten Zeitvertreib. Dieses uralte Hilfsmittel der Entspannung, das uns ermöglicht, auf andere Gedanken zu kommen, wird jedoch unablässig attackiert von neidischen Heckenschützen aus den emsigen Scharen der Feinde des Müßiggangs. Können uns diese Wichtigtuer nicht einfach in Frieden lassen? Alle Müßiggänger, Raucher wie Nichtraucher, sollten sich den Mitgliedern der Anti-Raucher-Lobby als den wahren Unterdrückern von Muße, Genuss, Geselligkeit und Kontemplation standhaft entgegenstellen.

TH

DER LIEGESTUHL

Wer mag ihn nicht, den Liegestuhl? Wittgenstein jedenfalls mochte ihn. Er war das einzige Möbelstück in seinem Arbeitszimmer im Trinity College in Cambridge. Angeblich war das ein Beleg für seinen asketischen Lebenswandel, ich hingegen sehe im Liegestuhl die ideale Lösung für das Problem, wie ich eine bequeme Sitzgelegenheit die schmale Treppe zu meinem Arbeitszimmer hinaufschleppen soll. Doch dass der größte Philosoph des 20. Jahrhunderts im Liegestuhl eine gelungene Übereinstimmung von Form und Zweck erkannte, sagt auch etwas über die vollkommene Nützlichkeit dieses Möbelstücks. Stellen Sie ihn sich vor: ein Stuhl, der so bequem ist, dass man darauf schlafen kann, und der, wenn er nicht benutzt wird, einfach weggetragen werden kann. Der Liegestuhl ist ein Symbol der Muße *ad hoc*, des kurzen Nickerchens, des spontanen Sonnenbads. Er spricht uns vom Meer, ganz gleich, wo er steht; wenn ich mich in meinem Arbeitszimmer darin ausstrecke, höre ich leise das Schreien von Möwen und, tiefer in meine Träume versunken, sogar die vergangenen Zeiten der Ozeandampfer, denen der Liegestuhl seine Existenz verdankt. Von irgendwoher tönt eine Glocke – Zeit, sich zu erheben und sich umzuziehen für das Abendessen am Tisch des Kapitäns.

NL

EIN NICKERCHEN MACHEN

Von all den kostenlosen Vergnügungen, die uns zur Verfügung stehen, ist das Nickerchen die einfachste und befriedigendste. Traditionell zur Mittagszeit oder der sechsten Stunde des Tages gehalten – daher der Name Siesta –, um auf diese Weise die Heimsuchung durch die Mittagsdämone zu verdösen, ist das Schläfchen nach dem Mittagessen für Menschen, die in weniger arbeitsbesessenen Ländern leben, alltägliche Wirklichkeit. Es ist eine kriminelle Schande, dass man in Nordeuropa und den Vereinigten Staaten sein Nickerchen heimlich und voller Gewissensbisse machen muss, wo es doch die natürlichste Sache der Welt ist. Es ist geradezu verrückt, acht Stunden am Stück oder mehr zu arbeiten, ohne zwischendurch zu schlafen. Wir sollten stets ein Kissen mitnehmen, egal wohin wir gehen. Suchen wir uns eine stille Ecke zum Dösen, in der Kirche oder im Park. Ein Nickerchen am Tag hat die gleiche Wirkung wie eine Million Vitamintabletten und Nahrungsergänzungsmittel. Sanfter, süßer, wohltuender Schlummer – Balsam für die müde Seele!

TH

DÉJÀ VU

Es gibt viele Theorien darüber, was ein Déjà-vu-Erlebnis auslöst. Eine besagt, dass unser »Geist« sich tatsächlich schneller durch die Zeit bewegt als unser an die Erde gebundener Körper, so dass er – aus Gründen, die wir nicht zu erklären vermögen – von Zeit zu Zeit in die Zukunft vorauseilt. Eine andere meint, es hänge damit zusammen, dass wir wiedergeboren werden und alte Erinnerungen aus unseren früheren Leben in unser gegenwärtiges Bewusstsein einsickern. Dann ist da noch die Theorie von den Paralleluniversen, der zufolge unser Leben sich immer dann in unterschiedliche Richtungen verzweigt, wenn wir eine wichtige Entscheidung zu treffen haben, und dass wir im Moment des *déjà vu* mit einer dieser Parallelwelten in Kontakt kommen.

Bei alldem wird völlig vergessen, dass das Gefühl des *déjà vu* an sich einfach nur schön und faszinierend ist, unabhängig davon, was dahintersteckt. Und Déjà-vu-Erlebnisse sind bleibende Erfahrungen, die sich in unser Gedächtnis einprägen und jederzeit abgerufen werden können, wenn wir in eines dieser Déjà-vu-Gespräche geraten, meist spät am Abend nach ein paar Gläsern Wein. Ich habe übrigens meine ganz persönliche Theorie zum *déjà vu*. Ich denke nämlich, dass es sich dabei um ein »Rebooting«, einen Neustart unseres Gehirns handelt – ein neurologischer Sicherheitsmechanismus, der dazu da ist, in unserem Bewusstsein reinen Tisch zu schaffen, um uns wieder frisch und wach zu machen.

DK

DIE PARKBANK

Welches Genie hat die Parkbank erfunden? In unserer immer stärker überwachten, digitalisierten und zweckorientierten Welt ist die Parkbank aus Holz ein Hafen der Freiheit inmitten der Großstadt. Auf der Bank können Sie lesen, dösen, Ihr Sandwich essen, meditieren und über die Müßigkeit menschlicher Wünsche nachdenken. Ja, Sie können sogar trinken und rauchen auf einer Bank, wie wir das als Teenager mit unseren Freunden gemacht haben, weil wir keinen anderen Ort hatten, um uns zu treffen. Ältere Leute können dort sitzen und zuschauen, wie die Welt sich dreht. Mütter mit ihren Babys können in einem dünnen Bändchen mit Gedichten blättern, während die Kleinen schlafen. Man kann dort Geheimtreffen abhalten und Vertraulichkeiten austauschen, ohne fürchten zu müssen, überwacht zu werden. Die Bank lädt ein zur Geselligkeit, zum Alleinsein und zur Gemütlichkeit. Und das alles kostet keinen Cent.

TH

SICH AUF DEM OBERDECK DES BUSSES ZURÜCKLEHNEN

Das Yin und Yang von Arbeit und Leben zeigt sich oft in den ganz gegensätzlichen Weisen, etwas Ähnliches zu tun. In der Regel ist die eine schneller und effizienter. Nehmen Sie zum Beispiel den schnellen Pendlerzug im Vergleich zum gemächlichen Bus. Hat die Welt der »Arbeit« den Pendlerzug hervorgebracht, dann entstammt der Bus zweifellos der Welt des »Lebens«, und dementsprechend ist das Oberdeck eines Doppeldeckerbusses ein Stück Himmel.

Die Karte Ihrer Fahrt, die Sie gedanklich mitzeichnen, wird sich schon bald mit den Karten früherer Fahrten verbinden, und so verliert die Stadt allmählich ihre dunkle Fremdheit und wird Ihnen vertraut und klar. Vom Oberdeck aus können Sie auf die Leute herabglotzen, die unten auf den Straßen herumlaufen, können sich hinter der Sonnenblende vor der Sommersonne verstecken, im Winter die Füße am Heizgebläse wärmen oder das ganze Jahr hindurch unbeschwert vor sich hin dösen, weil Sie wissen, dass rechtzeitig vor jedem Halt eine Ansage ertönt und Sie weckt, falls Sie zu tief einschlummern sollten.

DK

AM STRAND

Suchen Sie sich einen Strand aus, wo es keine Geschäfte und keine Eisverkäufer, keine Cafés und keine Parkplätze gibt, und Sie werden feststellen, dass alle dort zufrieden sind. Eltern können lesen oder paddeln, und Kinder entdecken ihre eigene Kreativität beim Spiel mit dieser wunderbaren Modelliermasse: dem nassen Sand. Es gibt keinen Streit um Kieselsteine, denn es sind immer genug Kiesel für alle da. Anders als die Welt der Konsumartikel ist die Natur freigebig und hält alles in Hülle und Fülle parat, weshalb es auch keinen Grund gibt, darum zu kämpfen. Sie können sich entscheiden, zu schwimmen oder das Meer anzustarren, oder Sie spielen in den Gezeitentümpeln und fangen Garnelen. Sie können Ihr Sandwich essen oder auf einem improvisierten Grill Fisch rösten: Eine ganze Welt der Behaglichkeit steht Ihnen offen. TH

NUR MAL UMSCHAUEN

Früher nannte man es Herumstöbern. Aber herumzustöbern schloss die Freiheit ein, sich einfach nur umzuschauen, ohne Kaufverpflichtung. »Sich nur mal umzuschauen« ist etwas anderes. Sobald Sie den Laden betreten, weckt das in dem Verkäufer mit dem Armani-Anzug Erwartungen. Sie sind seine Fahrkarte zu einem Verkaufsgeschäft, das Zubehör des Markenartikels. Ein »Ich schau mich nur mal um« an der richtigen Stelle verschiebt das Gleichgewicht der Kräfte. Nehmen Sie ein paar Sachen in die Hand und legen Sie sie wieder hin. Die Ladenmieten sind so hoch, dass jede Minute, in der Sie sich »nur mal umschauen«, einem Ladendiebstahl gleichkommt – Sie stehlen sich Aufmerksamkeit, Platz und wertvolle »Marken-Zeit«. Sie sind ein Flaneur, der in der Menge im Laden mitschwimmt, ohne in Versuchung geführt zu werden. Alle Übrigen sind Konsumenten. Sie hingegen wollen sich »nur mal umschauen«.

AM

MELANCHOLIE

In einer Welt, in der wir gewohnt sind, jeden Anfall von Depression gnadenlos mit hochwirksamen Stimmungsaufhellern wie Tavor oder Fluctin zu bekämpfen, vergisst man leicht, dass es auch Vergnügen bereiten kann, Trübsal zu blasen. Sie können sich zum Beispiel vorstellen, Sie seien ein romantischer Poet, der durch dunkle Wälder wandert und dabei Verse schmiedet, um sein Elend in Worte zu fassen. In seiner *Anatomie der Melancholie*, jener großartigen Selbsthilfe-Fibel aus dem 17. Jahrhundert, schreibt Robert Burton: »Welch eine unvergleichliche Lust ist es doch, der Melancholie sich hinzugeben, Luftschlösser zu bauen, lächelnd umherzuwandern und eine unendliche Vielzahl der verschiedensten Rollen zu spielen.« Und Burton muss wissen, wovon er spricht, denn schließlich hat er *das* Buch darüber geschrieben. TH

MIT KLEINEN KINDERN SPAZIEREN GEHEN

Kleine Kinder haben keinen Sinn dafür, das Gehen als Funktion zu begreifen. Für sie ist es die Gelegenheit, einfach nur herumzulaufen und dabei Ziegelsteine oder Erdklumpen auf dem Weg anzustarren und sich zu wundern, wie die denn da hingekommen sein mögen. Sie laufen wieder zurück oder biegen ab, und manchmal bleiben sie einfach stehen und schauen andächtig zum Himmel hinauf. Statt sich darüber zu ärgern und ungeduldig zum Weitergehen zu drängeln, sollten Sie sich lieber diese Methode zu eigen machen, einem Impuls der Neugier nach dem anderen nachzugehen. Kleinkinder sind Meister des Instinkts. Sobald Sie Ihre innere Unruhe überwunden haben, die Sie unablässig immer weiter vorwärtstreibt, werden Sie entdecken, was es bedeutet, wirklich entspannt zu sein. Am Anfang mag dieser Prozess für einen gehetzten Erwachsenen frustrierend sein, doch sobald Sie die Hoffnung aufgegeben haben, zu einer bestimmten Zeit irgendwo anzukommen, werden Sie in einem Zustand kindlicher Langsamkeit schwelgen.

Folgen Sie dieser nobleren Methode der Besichtigung, und Ihre Umwelt wird sich in einen immer zauberhafteren Ort verwandeln. Stöcke, über die Sie sonst achtlos hinweggestiefelt wären, werden plötzlich zu Lanzen und Schwertern, die durch die Luft sausen wie von tapferen, längst vergessenen Helden geführt.

DK

SINGEN

Bevor es das Radio gab, haben wir alle gesungen, jeder Mann und jede Frau, den ganzen Tag lang. Wenn man etwa im Jahr 1350 durch die Straßen von Florenz spazierte, hörte man jeden Handwerker und jeden Händler seine Lieder trällern, weltliche wie kirchliche, Volkslieder, höfische Minnelieder und Kanzonen von Dante. Die Freudlosigkeit des puritanischen Zeitalters hat viel dazu beigetragen, dass diese fröhliche Art und Weise, seiner Stimmung Ausdruck zu verleihen, weitgehend verschwunden ist. Doch hier und da wird immer noch gesungen, auf Baustellen und in der Werkstatt. Singen Sie also! Singen Sie wieder, wie wir einst gesungen haben!

TH

SONNENSTRAHLEN

Verschlafen steigen Sie an einem Sommermorgen die Stufen hinunter. Unten im Zimmer sind die Vorhänge geschlossen, bis auf einen. Ein Sonnenstrahl fällt durch die Dunkelheit auf den blauen Teppich, Staubkörnchen tanzen in seinem gebrochenen Licht. Barfuß gehen Sie bis an den Punkt, wo er auf den Boden trifft. Erst halten Sie bloß Ihren Zeh in die Wärme, dann den ganzen Fuß. Eine leuchtende Linie zieht sich über Ihren Knöchel. Langsam sinken Sie auf die Knie und tauchen ganz in das Licht ein. Sie rollen sich zu einer Kugel zusammen und schlafen wieder ein.

DK

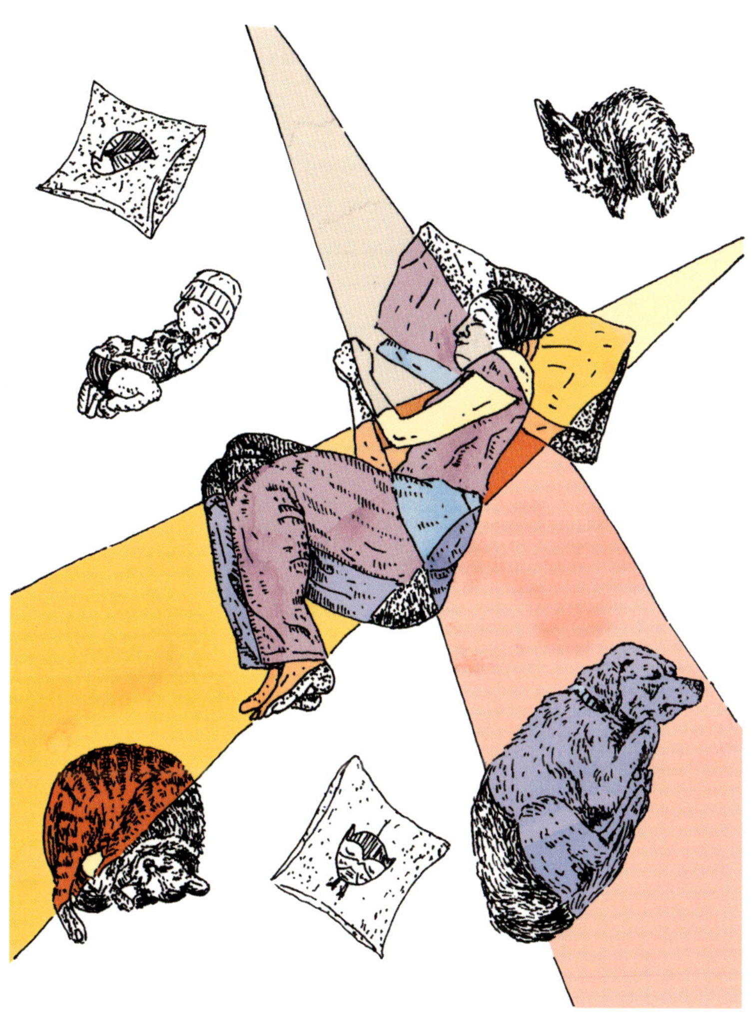

STREICHHÖLZER IN GEMÜSE STECKEN, UM DARAUS GEMÜSEMONSTER ZU MACHEN

Wozu braucht man gigantische Spielzeugläden und Websites, wenn man sich kostenlos sein eigenes Spielzeug basteln kann? Sie brauchen dazu nichts als eine Zucchini, eine Kartoffel oder eine Möhre, in die Sie Streichhölzer als Arme und Beine hineinstecken. Dann stecken Sie ein Paar Streichhölzer ganz hinein, sodass nur noch der Kopf herausguckt – voilà, schon haben Sie Augen. Lachen Sie über Ihr Monster, und dann lachen Sie über sich selbst. Was für ein Spaß es doch ist, ein Narr zu sein. TH

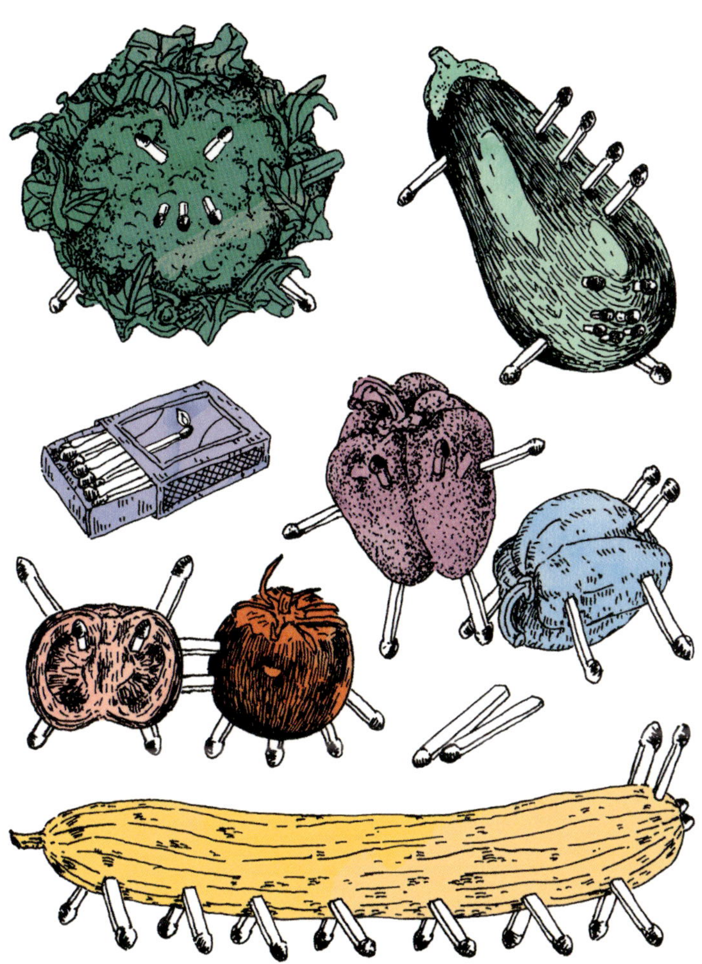

KARTEN BETRACHTEN

Was haben Karten und Globen an sich, dass sie immer unsere ungeteilte Aufmerksamkeit zu beanspruchen scheinen? Ich habe Stunden damit verbracht, Karten von Orten zu betrachten, die ich nie im Leben besuchen werde, und Karten, die so alt sind, dass nichts darauf verzeichnet ist als ein schwacher Abglanz längst vergangener Zeiten. Vielleicht liegt es daran, dass sie uns zu Göttern machen, die herabschauen auf all die bedeutungslosen Faulenzer, die die Erde bevölkern.

Vielleicht befriedigen sie aber auch einfach unser Verlangen danach, sich ins Unbekannte zu wagen. An Orte zu reisen, wo die Menschen sich nicht an ihre nervtötende Arbeit und absurde Schulden ketten, Orte der Fantasie und der Freiheit, geheimnisvolle Orte.

Wie dem auch sei, das Karten-Origami, wenn Sie versuchen, den Riesenbogen Papier wieder genau entlang der vorgefalzten Knicke zusammenzufalten, kann manchmal schon ein bisschen anstrengend sein. Obgleich mir die Idee gefällt, dass sie einfach nicht weggepackt werden wollen. Vielleicht wollen sie uns damit etwas sagen.

DK

AM WEGRAND ESSEN SAMMELN

Brombeeren, Schlehen, Sauerampfer und selbst Blaubeeren und wilde Erdbeeren hält die Speisekammer der Natur kostenlos für uns bereit. Was für ein Vergnügen bereitet es, wenn wir uns unser Essen selbst sammeln, es anschließend nach Hause tragen und dort dann Brombeermarmelade, Schlehenlikör oder Brennnesselsuppe mit Sauerampfer daraus machen. Sie umgehen damit elegant die Notwendigkeit, arbeiten zu gehen, um Geld zu verdienen, und die ganze Sache bereitet Ihnen auch noch Freude von Anfang an. Sie erhaschen einen Blick auf eine Welt wahrer Autonomie und Freiheit.

TH

DIE WÄSCHE AUFHÄNGEN

Hausarbeiten sind eine der wenigen Gelegenheiten für unser Gehirn, sich zu entspannen, während unser Körper sich mit etwas Alltäglichem beschäftigt. Vorausgesetzt, Sie müssen sich nur um einen Teil der Hausarbeiten kümmern und nicht allein um alle, kann ihre Erledigung sogar zu einer schlichten Vergnügung werden. Nehmen Sie zum Beispiel das Aufhängen der Wäsche. Zunächst holen Sie die nasse Wäsche aus der Waschmaschine und tragen Sie in einem dieser hübschen kleinen Körbe, in denen Kinder sich gern durch den Garten ziehen lassen, nach draußen. Als Nächstes schlagen Sie mit einem satten Klatschen die zerknitterten Hosen und verdrehten Pullover aus, ehe Sie nach dem Beutel mit den Klammern greifen. Die kleine Wäscheklammer – was für ein einfaches, wundervolles Ding. Ein Stück nach dem anderen wandert auf die Leine, um sogleich in der leichten Brise hin und her zu flattern. Socken kommen, wenn möglich, paarweise auf die Leine. Die Unterwäsche Ihres Partners inspiriert Sie zu ein paar lasziven Gedanken, ehe Sie sie hübsch nebeneinander aufhängen. Dann ist Ihre eigene Unterwäsche an der Reihe, und spontan entscheiden Sie, ein paar grau und fadenscheinig gewordene Stücke auszusortieren. Schließlich werfen Sie den Klammmerbeutel mit einem dumpfen Klappern in den nun leeren Korb und schlendern zufrieden ins Haus zurück.

DK

KRANK SEIN

Krank sein muss mitnichten nur lästig sein, sondern kann uns ganz eigene bittersüße Freuden verschaffen. Zunächst einmal bietet es eine höchst willkommene Pause von der Arbeit und die Gelegenheit, drei Tage im Bett zu verbringen. Und im Bett können Sie tun, was Sie wollen: Obst essen und wunderbar duftenden Kräutertee trinken, *Sherlock Holmes* und Evelyn Waugh lesen, sich ins Land der Träume treiben lassen, das Reich, das zwischen Wachen und Schlafen liegt. Und gerade weil Ihnen jeglicher Elan fehlt, können Sie sich von der Anspannung und dem Stress der Arbeitswelt lösen, die Ihrem Körper die Infektion eingebrockt hat. Geben Sie den entspannten Teilen Ihrer Seele Gelegenheit, sich zu erholen, während Sie dumpf das Nachmittagsprogramm im Fernsehen verfolgen oder in die frei wirbelnden Strudel Ihres fiebrigen Unterbewusstseins eintauchen.

TH

IN DEN KLEIDERN SCHLAFEN

Nach einem anstrengenden Tag liegen Sie auf der Couch vor dem plärrenden Fernsehapparat und werden allmählich vom Schlaf übermannt. Ihr Gehirn ist gerade noch wach genug, um Ihnen mitzuteilen, dass nun der Punkt gekommen sei, an dem Sie unbedingt aufstehen, sich die Zähne putzen, das Gesicht waschen, sich ausziehen und ins Bett kuscheln sollten. Wenn Sie jetzt allerdings tatsächlich aufstehen, sich die Zähne putzen, das Gesicht waschen und sich ausziehen, dann werden Sie, wenn Sie endlich so weit sind, sich ins Bett zu kuscheln, wieder hellwach sein, und der köstliche Zauber ist gebrochen. Geben Sie sich stattdessen unbeschwert dem Gefühl hin, dass der Schlaf Sie zu umfangen beginnt. Der Reiz, einzunicken und ein paar Minuten später wieder aufzuwachen, ist wie eine sanfte Fahrt mit der Achterbahn – aber ohne das Spektakel im Vergnügungspark. Rühren Sie sich nicht, verlieren Sie sich in irgendwelchen Gedanken und genießen Sie es, in Ihren Kleidern zu schlafen. Lassen Sie das Fernsehen vor sich hin quasseln und schwelgen Sie in dem Gefühl, dass der Schlummer Ihnen auf den Fersen ist. Wenn Sie dann irgendwann in den frühen Morgenstunden mit einem leichten Frösteln aufwachen, können Sie in Ihr Schlafzimmer schlafwandeln, ehe Ihre Bettdecke Sie ganz verschlingt.

AUF DEM KLO SITZEN

Das Klo ist die Einsiedlerklause des Menschen in seinem häuslichen Reich. Unbedrängt vom Trubel der Arbeit oder der Familie kann er dort für eine kleine Weile allein sein und über sein Dasein reflektieren. Es ist auch ein schöpferischer Ort. So hat der chinesische Philosoph Ouyang Xiu mit den drei »Aufs« beschrieben, wo er am besten nachdenken konnte: »Auf dem Kopfkissen, auf dem Rücken eines Pferdes und auf der Toilette«. Wir ziehen uns auf das Klo zurück, um einen Raum zum Denken zu haben, zur Meditation und zur Kontemplation.

TH

GROTTEN

In einer Baumgruppe am See fällt Ihnen ein Felsbrocken auf, der irgendwie seltsam deplatziert wirkt. Sie verlassen den Fußweg und gehen darauf zu, während Sie überlegen, was dieser komische Haufen von Steinen da zu suchen hat. Aha! Auf der Hinterseite finden Sie eine Öffnung, gerade groß genug, um sich durchzuschlängeln und dabei einen Riss in Ihren Kleidern zu riskieren. Sobald Sie sich hindurchgequetscht haben und im Innern befinden, kneifen Sie die Augen zusammen und hören ein stetes »tropf, tropf, tropf, tropf«. Seit langem schon hat sich Moos auf den Wänden des alten Kühlhauses festgesetzt, das aus Steinen und uralten Muscheln errichtet ist. Zu Ihren Füßen führen provisorisch in den Boden gehauene Stufen in die Tiefe. Farne lugen hier und da durch die Ritzen, aber sonst ist diese Raum-Zeit-Maschine in der Natur unversehrt und bietet Ihnen einen Unterschlupf vor den Übeln der Welt. Sie kriechen wieder hinaus und grinsen dabei, ehe Sie sich fragen, ob das Ding wohl noch da sein wird, wenn Sie wiederkommen – denn eine Grotte sollte man nicht für sich allein behalten. DK

UM DIE WETTE GRIMASSEN SCHNEIDEN

Grimassen schneiden ist ein alter Begriff aus der Welt des Theaters, und viel ausdrucksvoller als »das Gesicht verziehen« ist er außerdem. Jeder Mitspieler muss eine Grimasse schneiden, die so grässlich ist wie möglich. Halten Sie, wenn Sie wollen, das Ganze mit einer Polaroid- oder Digitalkamera fest. Gewinner ist, wem die furchtbarste oder komischste Fratze gelingt. Sehen Sie sich eine alte Kathedrale an, wenn Sie Anregungen brauchen. TH

BRIEFE NICHT ÖFFNEN

Wenn ein von Hand beschriebener Umschlag auf Ihrem Läufer landet, ist das ein seltenes Vergnügen. Heutzutage scheinen wir nichts als Rechnungen und unerwünschte Reklame (was nur eine andere Bezeichnung dafür ist, dass Firmen uns nachstellen) zu bekommen. Amtlich aussehende Post hat etwas Furchteinflößendes. Peter Cook war berühmt dafür, dass sich hinter seiner Wohnungstür Berge von ungeöffneter Post stapelten. Mit der Angst davor, was so ein Umschlag wohl enthalten möge, wird man am besten fertig, wenn man die Umschläge einfach ignoriert. Wann immer ich durch alte Schubladen stöbere, finde ich stoßweise ungeöffnete Umschläge von amtlich klingenden Institutionen, manche davon noch aus dem vorigen Jahrtausend. Hat es mir geschadet, sie einfach ignoriert zu haben? Nicht im Geringsten! Denn wenn es wirklich dringend ist, wird man sowieso angerufen. Und wenn es um Geld geht, wird sich immer jemand melden, bevor der ganze Apparat in Bewegung gesetzt wird, und man kann telefonisch bezahlen. Ignorieren Sie die terrorisierenden Umschläge also einfach. Berauben Sie sie ihrer Macht und werfen Sie sie alle ungeöffnet dahin, wohin sie gehören: in den Papierkorb.

AUF BÄUME KLETTERN

Weshalb sollten wir Geld ausgeben, um in einen dieser höllischen, antiseptischen, geruchsfreien Plastik-Spielparks für Kinder zu gehen, wenn es überall Bäume gibt, auf die man klettern kann? Jeder Baum ist anders, jeder einzigartig, jeder zauberhaft, und alle warten sie bloß darauf, erobert zu werden. Bäume sind zum Klettern da, zum Darinsitzen, zum Daranriechen. Werden Sie zum Vogel.

TH

LÄSTERN

Schau dir bloß den Kerl dort an: Glaubt der vielleicht, er sieht gut aus? Hat der keinen Spiegel? Und was ist mit dem da? Mieser kleiner Durchschnittsbeamter, *Daily Mail*-Leser, Vorstadtvoyeur, hat vor allem Schiss, verbittert, seine Frau kann einem leidtun, die frigide Hexe. Blöder alter Idiot, verdammte Rotznase, bleib doch zu Hause, wenn du nicht fahren kannst, Mann, was für ein Arschloch, schon komisch, wie die Spießer neuerdings auf Audis stehen statt auf BMW. Mein Gott, kein Wunder, dass du so fett bist, wenn ich sehe, was du so in deinen Einkaufswagen packst.

Lästern. Es gibt nichts Schöneres. Gehen Sie in der Abenddämmerung durch die Straßen. Überall Lästernswertes. Festliches Dinner im Villenviertel hinter einseitig bedruckten Vorhängen – die Leute haben einfach keinen Geschmack. Mann im Unterhemd allein vor der Glotze? Tja, keine Kumpel, und wen wundert's, heut Nacht ruft der vermutlich bei irgendeiner Telefonsex-Nummer an, Rosie mit den Riesentitten. Die Leute an der Bushaltestelle: Idioten. Der Typ, der sie mit höhnischem Grinsen mustert: alter Idiot, Loser, Schnarchsack, keine Peilung, Trottel. Na gut. Belassen wir es besser dabei.

MB

GEDICHTE LESEN

In unseren gehetzten Zeiten ist es eine fast vergessene Vergnügung, in einem schmalen Bändchen mit Gedichten zu blättern, im Bus etwa oder wenn Sie im Stadtpark im Schatten eines Baumes eine Pause einlegen. Eigentlich sollte jeder Mensch immer ein Buch mit Gedichten dabeihaben. Selbst wenn Sie nur vier Zeilen Keats lesen, während Sie auf einen Freund warten, wird das eine Bereicherung für Sie sein. Das hier zum Beispiel schrieb Keats über Rotwein:

O Wein jetzt! Jungen Wein, den Erde kühlte,
Den dunkelkühl ein langes Jahr gereift,
Der sonngebräunten Frohsinn tanzen fühlte,
Und der des Provençalen Lied begreift;
O einen Becher warmen Südens jetzt!

Was für ein Formulierungskünstler! Gut gewählte Worte können Ihr Herz mit Freude erfüllen. Verzichten Sie auf das leere Wortgeklingel der Groschenromane und führen Sie stattdessen stets einen Gedichtband mit sich.

TH

DEN NEUHEITENKATALOG DURCHBLÄTTERN

Die absurden arbeitssparenden Apparate, die mit so viel liebevoller Hingabe in den Neuheitenkatalogen abgebildet und beschrieben werden, haben ihre ganz eigene Anziehungskraft. Wie oft haben wir den Katalog lässig aus der Sonntagsbeilage gefischt in der Meinung, schnell damit fertig zu sein und zum Hauptteil zurückkehren zu können, nur um festzustellen, dass er uns auf geradezu unwiderstehliche Weise fesselt? Selbst der Ruf zum Mittagessen verhallt ungehört: Fasziniert sitzen wir im Sessel und blicken wie gebannt auf die Seiten, stocktaub für alle flehentlichen Bitten, endlich zu Tisch zu kommen. Und das Vergnügen wird noch dadurch gesteigert, dass wir genau wissen, dass wir im Leben nicht auf die Idee kämen, einen einzigen Cent für so einen Luftionisierer, einen elektrischen Übersetzer, eine Patenthosenpresse, einen Wasserreinigungsapparat oder mechanischen Greifer auszugeben. Nein – der ganze Spaß besteht darin, über das Närrische und Nichtige der vielen kleinen Ideen des menschlichen Erfindungsgeistes zu lachen.

TH

DRAUSSEN SCHLAFEN

Wir alle werden schlussendlich bei den Würmern schlafen, weshalb es durchaus seinen Reiz hat, das schon einmal zu probieren, solange wir noch quicklebendig sind. Ob im Wald bei einem Lagerfeuer mit Freunden oder im eigenen Garten an der alten Landstraße in einer heißen Sommernacht, die nächtlichen Geräusche der zwielichten Dämmerwelt sind die idealen Schlafbegleiter. Die beste Wirkung allerdings erzielt man, wenn man sich einfach unter einer alten Decke ins Gras legt, um Mitte August gegen Mitternacht nach dem Perseidenregen Ausschau zu halten. Jedes Jahr erfüllt dieser Meteorstrom den Sommernachtshimmel mit seinen Sternschnuppen. Trommeln Sie Ihre Freunde und Familie zusammen, legen Sie sich alle gemeinsam im Kreis ins Gras wie die Speichen eines Rades, die Köpfe zusammengesteckt, und verfolgen Sie mit offenem Mund und »Ohs« und »Ahs«, wie der Himmel ein Feuerwerk versprüht.

DK

TRÄUMEN

Das Land der Träume ist der ursprüngliche Cyberspace, unsere eigene virtuelle Realität, die in unsere Köpfe eingebaut ist. Unsere Träume entführen uns in andere Welten, alternative Wirklichkeiten, die uns den Alltag verstehen lassen. Wenn wir träumen, treten wir in Verbindung mit unserem Unterbewusstsein, mit uns selbst. Und, wie Debbie Harry sehr richtig bemerkte, es kostet nichts. Ist es nicht verblüffend, dass eine Beschäftigung, die innerhalb unseres Lebens so großen Raum einnimmt, meist für mehr oder weniger bedeutungslos erachtet wird? Träume sind die Grundlage, der Mittelpunkt unseres Seins. Hören Sie auf sie. TH

GESCHICHTEN ERZÄHLEN

Noch so eine Kunst, die verloren gegangen ist in der Flut von Büchern, Hörspielen, DVDs, Websites und Fernsehsendungen. Sie alle delegieren das Geschichtenerzählen an einen eigens hinzugezogenen »Experten«. Dabei bereitet es das allergrößte Vergnügen, am Abend jemandem etwas vorzulesen, und zwar nicht nur Kindern, sondern auch Erwachsenen. Darüber hinaus ist das Erzählen von Geschichten dem Fernsehen bei weitem vorzuziehen, denn hier können Sie selbst bestimmen, was Sie lesen, statt sich einfach dem Diktat der Programmgestalter zu unterwerfen. Erstaunlicherweise fällt es auch gar nicht so schwer, sich eigene Geschichten auszudenken, und Kinder haben offenbar viel mehr Freude an neuen, improvisierten Geschichten als an solchen, die man ihnen aus einem Buch vorliest.

TH

DEN WIND IN DEN HAAREN SPÜREN

Der Gipfel der Klippe ist zum Greifen nah. Sie stützen die Hände auf Ihre Oberschenkel, während Sie nach Luft schnappen, um mehr Sauerstoff in Ihre Lungen zu saugen. Stolz blicken Sie zurück auf den Weg, den Sie schon hinter sich gebracht haben. Nur ein kleines Stück noch, dann sind Sie am Ziel. Wenn Sie genug Kraft geschöpft haben, gehen Sie weiter, Schritt für Schritt. Die leichte Brise wird stärker mit jedem Meter, den Sie sich dem Gipfel nähern. Auf einmal fällt das Terrain steil zum Meer hin ab, und der Wind, der darüberfegt, peitscht Ihnen die Luft ins Gesicht. Die Aussicht ist grandios, aber noch mehr genießen Sie es – die Arme triumphierend in die Höhe gereckt, die Augen geschlossen –, wie der wirbelnde Wind um Ihren Kopf braust. Dieser Wind, der sich weit draußen über dem Meer sammelt und auf seinem tanzenden, krachenden Weg über die Wellen an Stärke gewinnt, erreicht schließlich den Strand und hält Sie für einen Moment in seinem Griff gefangen. Der Knall, wenn er Sie passiert, dröhnt in Ihren Ohren, und allmählich umfängt er Sie ganz – ein unablässiger Luftstrom, der Ihr verzücktes Gesicht liebkost.

DK

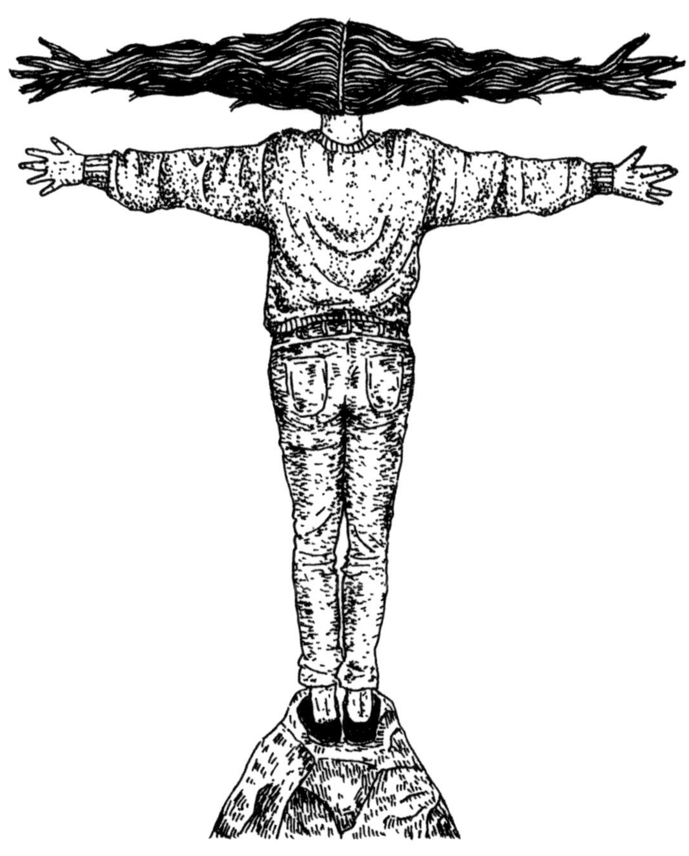

AUS DEM FENSTER STARREN

Sie sind drinnen, die Welt ist draußen. Aus dem Fenster zu starren eröffnet Denkern und Träumern beispiellose Möglichkeiten zum Sinnieren, und in der besten Tradition der Vermenschlichung der Natur wird das, was wir hinter der Scheibe sehen, stets unsere Stimmung reflektieren. Fühlen wir uns heiter und optimistisch, werden wir die Vögel zwitschern und die Kinder spielen sehen. Wenn wir uns jedoch elend und düster fühlen, wird es regnen, und die Bäume sind nackt und kahl. Regelmäßige Fenstergucker werden allerdings der Überzeugung sein, dass es ständig regnet und die Bäume immer nackt und kahl sind. Aus dem Fenster zu starren ist nämlich etwas für melancholische Gemüter. Nur wenn wir uns ihm immer wieder mit Fleiß und Hingabe widmen, wird es uns irgendwann gelingen, das Starren aus dem Fenster von einer traurigen in eine positive Erfahrung zu verwandeln. TH

DER MORGENMANTEL

Es gibt keine geeignetere Uniform für die Faulheit als den Morgenmantel. Allein einen zu besitzen ist ein hoffnungsvolles Zeichen. Ein Zeichen absichtsvoller Bummelei. Morgenmäntel gehen mit dem Zustand des Nichtstuns einher, aber was tun Sie eigentlich, wenn Sie nichts tun? Denken natürlich – das tun Sie. Die Gesellschaft fürchtet jene Bevölkerungsschicht, die Zeit zum Denken hat.

Denn diese Bevölkerungsschichten sind berühmt dafür, die Dinge verändert zu haben. Aus diesem Grund ist der Morgenmantel die wahre Uniform der Revolution. Irgendwann in der fernen Zukunft werden Männer und Frauen mit Staunen des Tages gedenken, an dem die Throne der Macht weltweit ins Wanken gerieten und gestürzt wurden – von einer Armee von Menschen in Morgenmänteln.

DK

HERBSTLICHES NIESEN

Ein gelegentliches Niesen hat etwas Unschlagbares, insbesondere wenn das Niesen Sie von dem köstlichen Kribbeln in den Nasengängen befreit, das die Strahlen einer niedrig stehenden Herbstsonne hervorrufen. Die besten Nieser sind geräuschvoll und unwiderstehlich wie ein schallendes Gelächter der Nase; man sollte sich ihnen mit völliger Hemmungslosigkeit hingeben. Legen Sie Ihren Kopf in den Nacken, japsen Sie kurz davor ein paarmal nach Luft, um Druck aufzubauen, stehen Sie auf, schauen Sie in den Himmel oder, falls Sie sich in einem geschlossenen Raum befinden, umkreisen Sie einen Leuchtkörper, als wollten Sie eine darin verborgene Wahrheit ergründen. Achten Sie darauf, die feinen Härchen in Ihrer Nase, die bereits erwartungsvoll vibrieren, nicht zu blockieren, heben Sie einen Arm in die Höhe und legen Sie sich mit Ihrem ganzen Körper ins Zeug wie ein Bowler. Niesen Sie laut und mit voller Wucht und aus ganzem Herzen, als würden Sie lachen. Bitten Sie wegen des Geprustes um Entschuldigung und warten Sie darauf, dass man Ihnen »Gesundheit!« wünscht. Halten Sie ein Niesen nie zurück, unterdrücken Sie nicht das laute Juchzen Ihrer unwillkürlichen Reflexe – sie sind es, was Sie menschlich macht. IV

MIT DEM POSTBOTEN PLAUDERN

Hüten Sie sich vor dem World Wide Web, ja meiden Sie das heimtückische Internet. Weshalb sollten Sie sich von geldgierigen Zynikern auf den Websites der sozialen Netzwerke mit Werbung zuschütten lassen, wenn Sie jeden Tag kostenlos mit dem Postboten plaudern können? Oder meinetwegen mit dem Gemüsehändler oder dem Metzger. Die Kommerzialisierung des menschlichen Miteinanders ist eines der schlimmsten Verbrechen des digitalen Zeitalters. Wir brauchen keine Internetportale, die dazu angelegt sind, uns etwas zu verkaufen, um mit anderen Menschen zu sprechen. Denken Sie nur an diese fantastische Erfindung, von der ich neulich hörte: Sie können damit, wann immer Sie wollen, mit jemandem AM ANDEREN ENDE DER WELT sprechen, ohne dass sich pausenlos Markennamen in Ihre Unterhaltung drängeln! Man nennt sie »schreiben«.

TH

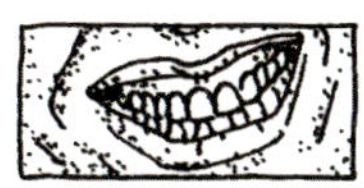
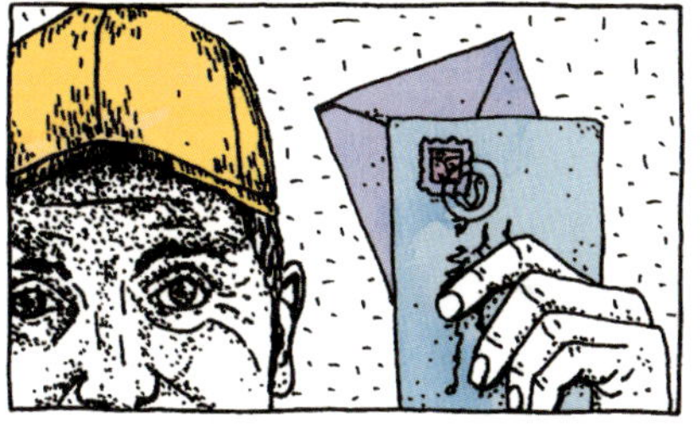

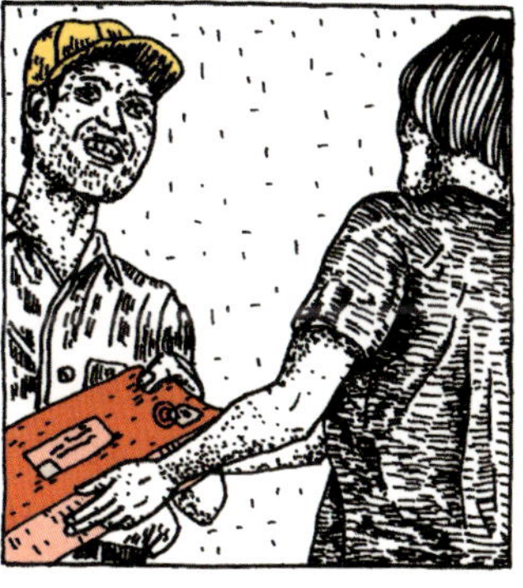
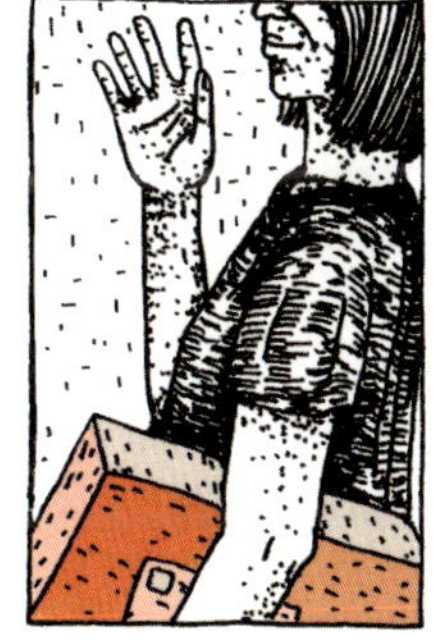

DIE NAMEN DER BÄUME LERNEN

Heutzutage scheinen wir ganz und gar glücklich damit, unser Gehirn mit Neuigkeiten aus dem Liebesleben durchschnittlicher Prominenter vollzustopfen, mit den dürftigen Handlungssträngen drittrangiger Fernsehserien oder den neuesten Launen aus der Welt der Mode, die uns von einer erlesenen Schar von Leuten mitgeteilt werden, die selbst dafür berühmt sind, absolut lächerlich auszusehen. All diese nutzlosen Informationen verdrängen das Wissen über die wirkliche Welt um uns herum, das seit Jahrhunderten von Generation zu Generation weitergegeben wurde. Nehmen Sie ein bescheidenes Beispiel: den Baum. Ich wette, dass Sie imstande sind, mehr Exfreunde von Kylie Minogue aufzuzählen oder Filme, in denen Johnny Depp mitspielt, als einheimische Bäume. Wie viele verschiedene Bäume kennen Sie? Seien Sie ehrlich: vier, fünf? Sagen wir die Eiche, die Stechpalme, die Kiefer, die Weide und die Birke. Aber was ist mit der Erle, der Esche, der Eibe, der Wildkirsche, der Bergulme, der Englischen Ulme, dem Weißdorn, dem Haselstrauch, dem Wacholder, der Hainbuche, dem Ahorn, der Espe, der Pappel, der Eberesche, dem Speierling, der Robinie oder der gerade neu entdeckten Elsbeere? Außerdem gibt es die Rotfichte, die Steineiche, die Platane, die Edelkastanie, die Japanische Lärche und so weiter und so fort. Erobern Sie sich Ihr Gehirn zurück und lernen Sie die Namen der Bäume.

DK

EINEN BRIEF SCHREIBEN

An einem Schreibtisch ohne Computer zu sitzen, einen Füllfederhalter in der Hand, und einen Bogen Ihres Briefpapiers mit handgedrucktem Namenszug hervorzuholen, die ersten zwei Worte »Lieber Freund« hinzuschreiben und dann innezuhalten, ehe Sie die Tinte auf das Papier fließen lassen mit der Erzählung Ihrer jüngst vergangenen Taten und Sorgen, den Bogen dann zusammenzufalten, ihn in einen Umschlag zu stecken und die Adresse draufzuschreiben, eine Briefmarke auf den Umschlag zu kleben, ihn in einen Briefkasten zu stecken und sich dann vorzustellen, welche Freude Ihr Brief machen wird, die ganz konkrete Freude am anderen Ende, wenn er mit den Händen geöffnet und gelesen wird – ah, ist das nicht wahre Glückseligkeit? TH

EINEN LUFTSPRUNG MACHEN

Aus purer Freude daran, auf der Welt zu sein, drängt es Sie mitunter, in die Luft zu springen und Ihre Hacken zusammenzuschlagen wie einst die Akrobaten, Troubadoure und Jongleure. Einen Luftsprung zu machen ist eine absolut nutzlose Tat, zu der man sich gerade aus diesem Grund hinreißen lassen sollte. TH

KASTANIEN

Allmählich weicht der Sommer einer frischen Brise und den kühlen Nebeln des Herbstes, die überall um uns herum braunes Laub verstreuen. Eine leichte Traurigkeit überkommt Sie, während Sie die Straße hinunterlaufen. Da plötzlich entdecken Sie eine stachelige grüne Rosskastanienfrucht auf dem Weg und heben sie auf. In Ihrer Hand lässt sie sich leicht öffnen, und im weißen Wachs der Innenschale kommt eine mahagonibraune Kastanie zum Vorschein. Sie fühlt sich kalt wie Marmor an. Binnen kurzem platzen Ihre Taschen aus allen Nähten, während eine Gruppe Kinder mit Mützen und Schals heranstürmt auf der Suche nach der vollkommenen Kastanie – derjenigen, die ihren Finder zum König des Spielplatzes macht und alle Mitbewerber mit einem »Plonk!« aus dem Feld wirft.

DK

EIN KARTENSPIEL

Angesichts von Nintendo Wii und DS, den Sony Playstations und all den zig anderen teuren Spielgeräten, die spätestens nach zwei Jahren unweigerlich auf dem Müll landen, tut man gut daran, sich eines ganz und gar nicht kostspieligen Wunderwerks zu erinnern: Das Kartenspiel ist ein Stück Unterhaltung, das man überallhin mitnehmen kann, das keine Batterien und auch keine andere Stromquelle benötigt und das nie abstürzt. Sie brauchen auch kein Zubehör dafür zu kaufen. Man kann damit tausend verschiedene Spiele spielen, von einfachen Kinderspielen bis hin zu raffinierten Spielen mit komplizierten Regeln für Erwachsene. Sie können Spiele für eine Person damit spielen und sich so die Zeit vertreiben, Sie können aber auch Kartentricks damit vollführen und andere begeistern und verblüffen. Das Kartenspiel an sich ist schon etwas Wunderschönes: Mit seinen Königen und Damen, Buben und Jokern erinnert es uns an eine höfische Welt aus vergangenen Zeiten, eine Welt der ritterlichen Tugenden und Turniere. TH

IN ALTEN KIRCHEN HERUMWANDERN

Allen Bemühungen der Puritaner in den protestantischen Ländern zum Trotz, ihre Schätze zu plündern, gibt es in alten Kirchen immer noch manches Zauberhafte zu sehen und viele geheimnisvolle Geschichten zu entdecken. Holzschnitzereien legen Zeugnis ab vom Geschick der Holzschnitzer. Und denken Sie nur an die Geduld und die Kunstfertigkeit derjenigen, die die Lettern in die Grabsteine gemeißelt haben. An manchen Kirchen finden wir Kobolde und Wasserspeier mit schrecklichen Fratzen und überaus kunstvoll verzierte Taufbecken. Viele Kirchen sind – wunderbarerweise – nach wie vor unverschlossen und lassen sich deshalb zu jeder Tageszeit besuchen, Refugien vor dem Trubel der hupenden Welt dort draußen. Essen Sie Ihr Sandwich in der Mittagspause dort, halten Sie ein Nickerchen auf einer Kirchenbank oder sitzen Sie einfach da und schauen sich um, solange Sie Lust haben.

TH

SCHATTEN BEOBACHTEN

Im Schatten lauern finstere Gestalten. Uns wird gesagt, wir blieben im Schatten der anderen, wenn wir nicht so viel »leisten«, wie wir sollen. Dabei sind Schatten im Grunde etwas viel Bedeutsameres als bloß das Abbild einer physischen Gestalt. Schatten sind die Winkel unseres Geistes, in die das Licht der Vernunft nur selten eindringt. Sie sind Fenster zu einer anderen Welt. Die Welt der ewigen Finsternis, vor der sich die meisten von uns nur gar zu gern fürchten. Der chinesischen Han-Dynastie verdanken wir das Schattentheater. Als eine der Konkubinen des Kaisers Wu starb, war sein Schmerz über ihren Tod so gewaltig, dass er seinen Bediensteten befahl, sie von den Toten wieder auferstehen zu lassen, und so erweckten sie mit Hilfe einer Lampe und einer Puppe aus Eselsleder ihren Schatten wieder zum Leben. Noch unheimlicher sind die Schattenmenschen. Das sind dunkle Gestalten, von denen man sagt, sie lebten am Rande unseres Gesichtsfelds (begleitet von einem Gefühl unsäglichen Grauens), um sogleich zu verschwinden, wenn wir sie direkt anzublicken versuchen. Doch verbirgt sich hinter diesen Schreckensmetaphern eine viel beruhigendere und sehr schöne Wahrheit. Denn in Wirklichkeit sind diese dunklen Ecken unseres Geistes nicht voller Furcht und Leid, sondern die ersten Schritte auf dem Weg zur Wahrheit.

DK

DER GARTENSCHUPPEN

Der gewöhnliche Gartenschuppen, vorzugsweise eine Eigenkonstruktion, ist der Freiraum des Menschen. Er bietet ihm unendliche Möglichkeiten, planlos herumzuwerkeln, sich irgendwie zu schaffen zu machen oder mit etwas völlig Nutzlosem die Zeit zu verplempern. Der Schuppen ist ein Rückzugsort, aber er bildet auch den Hintergrund, vor dem Sie Ihre Einmachgläser, unvollendeten Bastelarbeiten und halb leeren Farbtöpfe arrangieren können. Im Schuppen können Sie alles verschwinden lassen, was Ihnen eigentlich viel zu schade zum Wegwerfen ist, für das Sie aber gerade keine Verwendung haben. Im Schuppen können Sie auf dem alten, abgewetzten Sessel sitzen und sich in einer Umgebung erholen, die erfreulich unberührt ist von allen Versuchen, sie nach dem Vorbild von *Schöner Wohnen* umzumodeln. Im Schuppen können Sie sich die verrücktesten Ideen ausdenken oder an die Wand starren, ganz allein mit sich und der Welt. Ein Schuppen ist ein Tempel der Nutzlosigkeit, und was gäbe es Edleres als das? TH

SITZBLOCKADEN

»Setzt euch hin für eure Rechte!«, proklamieren Revolutionäre der lässigeren Gesinnung. Sitzblockaden sind doppelt wirkungsvoll, denn in unserer arbeitswütigen Zeit fieberhafter Eile ist nichts zu tun an sich schon ein Akt des Widerstands. Es ist einfach kultivierter, in aller Ruhe unter unserem Plakat zu sitzen und vielleicht eine Tasse Tee zu trinken, statt zu marschieren und lauthals Parolen zu rufen. Der Platz vor dem Parlament in London ist in jüngster Zeit zum Schauplatz derartiger geruhsamer revolutionärer Picknicks geworden. Die neuen britischen Gesetze gegen den Terrorismus sind so bizarr, dass jeder noch so unbewegliche Protest (selbst wenn er auf einer Picknickdecke stattfindet) innerhalb eines Umkreises von einem Kilometer rund um das Parlament verboten ist, es sei denn, man hat sich zuvor eine Genehmigung der Polizei besorgt. Viele Teilnehmer an diesen verbotenen Picknicks wurden festgenommen und gelten seitdem als vorbestraft, und dennoch kommen sie an jedem letzten Sonntag im Monat wieder dort zusammen, um Kuchen zu essen, aus Porzellantassen zu trinken und Passanten dazu aufzufordern, Stellung zu beziehen, besser gesagt: sich zur Wehr zu setzen für die Freiheit, die den westlichen Regierungen angeblich so sehr am Herzen liegt.

DK

DIE BETRACHTUNG VON DINGEN, DIE FLIEGEN

Weil wir selbst nicht fliegen können, sind wir fasziniert von allem, was fliegt. Immer schon habe ich es geliebt, Dinge zu beobachten, die anscheinend schwerelos durch die Luft schweben, nicht nur Vögel und Insekten, sondern auch die Samen von Pusteblumen, Herbstlaub, Papierschnipsel, Wolken, Luftballons und Seifenblasen. Auf meine Kinder übten fliegende Geschöpfe den gleichen Reiz aus. Schon als sie noch im Kinderwagen lagen, bemerkten sie eine Biene, einen Schmetterling oder einen vorbeisegelnden Vogel sofort und suchten mit konzentriertem Blick noch danach, wenn das Tier längst außer Sicht war. Als sie älter wurden, mit drei oder vier, versuchten sie, die Vögel nachzuahmen, indem sie Federbüschel in den Händen hielten, mit den Armen auf und ab schlugen und in die Luft hüpften, und noch ein paar Jahre später imitierten sie die Vögel erneut, diesmal, indem sie Papiergleiter nach ihrem Vorbild bastelten und sie auf dem Hügel hinter unserem Haus in die Luft warfen. Wenn einer dieser Gleiter einen Aufwind erwischte und über die Bäume hinwegsegelte, war die Begeisterung groß, so als sei er selbst auf zauberhafte Weise zu einem Vogel geworden. Dann schlugen die Kinder wieder wild mit den Armen auf und ab und liefen hüpfend den Hügel hinunter.

CY

LUFTPOLSTERFOLIE PLATT DRÜCKEN

O Luftpolsterfolie, wie kann ich dich knallen lassen? Lasst mich die Arten aufzählen:

1. Geistesabwesend während eines Gesprächs, an dem man lieber nicht beteiligt sein möchte.
2. Mit einem Kleinkind. Beobachten Sie in seinem Gesicht das nicht nachlassen wollende Entzücken darüber, wie es ihm gelingt, etwas zerplatzen zu lassen.
3. Nachdem Sie zu Ihrem Leidwesen festgestellt haben, was für ein Mist das neue, in Luftpolsterfolie eingepackte Gerät tatsächlich ist, das Sie für teures Geld erworben haben.
4. Indem Sie ein großes Stück davon mit aller Kraft zu einer kleinen Kugel zusammenknüllen und es dabei rattern lassen wie ein Maschinengewehr.
5. Indem Sie die Folie als Billig-Schlafsack benutzen. Luftpolsterfolie bietet Ihnen Schutz vor Kälte und kostet dabei einen Bruchteil dessen, was Sie für die normale Campingversion bezahlen. Sie wäre deshalb ideal, wenn sie nicht jedes Mal, sobald Sie sich darin umdrehen, alle anderen mit einem Plopp! Plopp! Plopp! aufwecken würde.

DK & GR

PFEIFEN

Erinnern Sie sich noch, wie wunderschön Ihr Großvater pfeifen konnte? Diese Triller, diese melodischen Motive, der volle Ton, die Lautstärke, die unbekümmerte Sicherheit? Wir müssen das Pfeifen wieder üben, unsere Fähigkeit, nur mit dem Körper Musik zu machen, Melodien und Fröhlichkeit zu erzeugen, ohne auf irgendein Hilfsmittel außer uns selbst zurückzugreifen. Pfeifen kann Sie in eine andere Stimmung versetzen und die Laune Ihrer Umwelt heben. Pfeifen kann fröhlich oder traurig sein. Aber man muss es üben. Je öfter Sie es tun, desto besser werden Sie darin, also pfeifen Sie den lieben langen Tag, im Aufzug, in der U-Bahn, im Auto, in der Imbissbude. Seien Sie mutig, machen Sie Lärm!

TH

SEX AM MORGEN

Anders als der rasende Leistungssex zum Abschluss einer nächtlichen Sause ist Sex am Morgen herrlich unangestrengt, entspannend und langsam. Die Augen noch schlaftrunken, in die Kissen zurückgelehnt und ein glückliches Kichern auf den Lippen, spielen Sie mit Ihrem Liebespartner. Sie nehmen ihn in sich auf und verlieren sich in ihm, wenn sich Füße und Pos unter den Laken wälzen. Sie zaubern ein Grinsen auf sein Gesicht, noch ehe das Licht des neuen Tages in seine Augen scheint.

Anschließend genießen Sie in wohliger Ruhe die Sonnenstrahlen des Samstagvormittags. Dazu noch ein Tablett mit frischen Brötchen und einer Kanne Tee. Wenn es eine bessere Art gibt, den Tag zu beginnen, dann habe ich sie noch nicht entdeckt.

DK

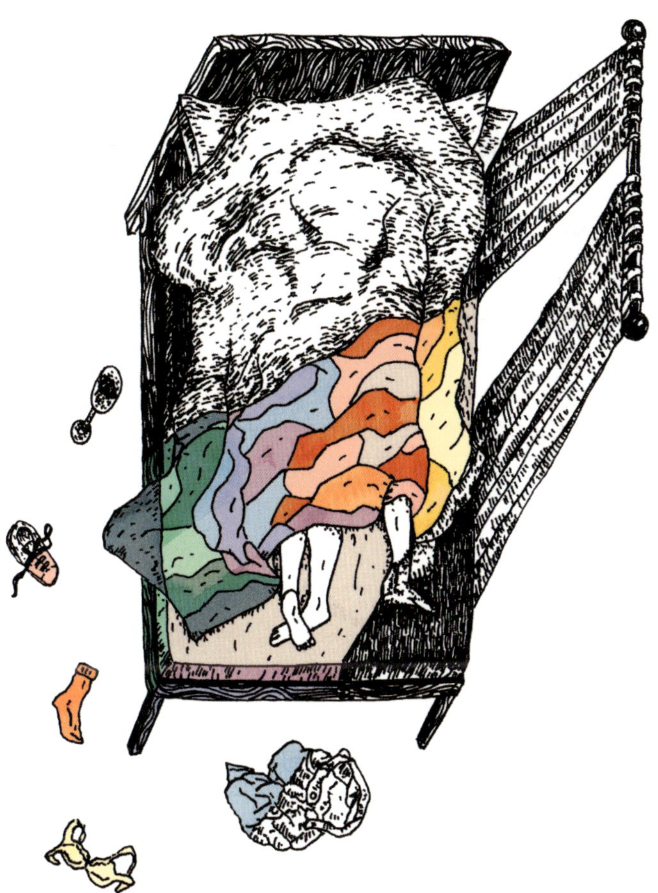

Nehmen Sie sich am Abend ein wenig Zeit und denken Sie in aller Ruhe – im Bad zum Beispiel oder bei einem Glas Wein – darüber nach, was Sie morgen anziehen wollen. Wägen Sie die Alternativen ab und genießen Sie es, in Gedanken der Reihe nach die verschiedenen Farben, Schnitte und Stoffe mit Blick auf die herrschende Jahreszeit durchzugehen. Wählen Sie im Geiste bestimmte Stücke aus und kombinieren Sie sie vor Ihrem geistigen Auge.

Sobald Sie eine Vorstellung davon haben, was Sie tragen wollen, warten Sie nicht bis zum Morgen, sondern suchen Sie sich die Kleidung schon am Abend heraus. Nehmen Sie sich Zeit dafür, machen Sie einen besonderen Anlass daraus, ein Ritual, und genießen Sie die Vorfreude auf den Moment, wenn Sie sie tatsächlich tragen werden.

Denn wenn Sie am nächsten Morgen noch ganz verschlafen sind und die Schleusentore Ihrer Psyche sich öffnen und Ihre grauen Zellen mit allerlei Fragen und Sorgen überschwemmt werden, brauchen Sie sich damit nicht einen Moment aufzuhalten, sondern können sich gleich von der textilen Verlängerung Ihres Daseins einhüllen, verwöhnen und liebkosen lassen. Ihre Kleider griffbereit zu haben und nur noch hineinschlüpfen zu müssen ist nicht eine lästige Sorge weniger, sondern eine willkommene Freude mehr. Na los, betrachten Sie sich ruhig noch eine Minute länger im Spiegel. Jawohl, Sie sehen hinreißend aus.

JD

LÄCHELN

Interessanterweise lächeln wir nicht nur, wenn wir glücklich sind, sondern auch, wenn wir beunruhigt sind oder Angst haben. Wir schmunzeln noch, wenn das große Gelächter vorbei ist, und holen unser Lächeln aus der psychologischen Schublade, um unsere Furcht zu verscheuchen oder um uns selbst zu trösten, wenn gerade niemand da ist, um uns in den Arm zu nehmen. Das macht das Lächeln zum Darwin'schen Pfeil des Optimismus, der die DNS des Menschen durchdringt. Ein Lächeln ist alles, was bleibt, wenn der letzte Atem verhaucht ist. DK

STILLEN

Ihre Aufgabe besteht darin, stundenlang dazusitzen und aus dem Fenster zu schauen, dem Gezwitscher der Vögel zu lauschen und die Morgendämmerung zu beobachten oder den Sonnenuntergang, die Blüte der Bäume oder den Regen. Um Sie herum sind andere damit beschäftigt, aufzuräumen und sauber zu machen und zu kochen. Sie knuddeln ein winziges Geschöpf, betrachten es aufmerksam, prüfen seine seidige Haut, verharren mit Ihrem Finger auf der samtweichen Wange und spüren dem Schwung seiner Augenbraue nach. Kein Zweifel, nichts auf der Welt ist wichtiger als das, was Sie gerade tun. Und es erzeugt jede Menge Hormone: süße, glücklich machende, wohltuende Endorphine, die das Gemurmel Ihres Verstandes und Ihrer Sorgen zum Schweigen bringen und den irrwitzigen Rummel der Welt ausblenden. Vielleicht hören Sie auch um drei Uhr das Nachtprogramm im Radio, diskutieren morgens um neun über ein Puzzlespiel und geben dem Vater nachmittags um fünf Anweisungen für die Zubereitung der Bolognese. Oder Sie lehnen sich einfach in Ihr Daunenkissen zurück und klinken sich aus.

VH

BIBLIOTHEKEN

Unfairerweise entweder als zu alt und verstaubt oder zu modern und nüchtern geschmäht, haben alle öffentlichen Bibliotheken eins gemeinsam: Ihre Regale stecken voller Tore zu anderen Welten, durch die Sie kostenlos einen Blick werfen dürfen. Durch diese Wurmlöcher gelangen Sie auf die Bühne der Politik im alten Griechenland, machen Bekanntschaft mit den seltsamen Abbildungen in Handbüchern für Fotografie, stöbern in Wörterbüchern mit aufregend neuen Schimpfwörtern, erfahren etwas über das Liebesleben in viktorianischen Gutshäusern, Quantenmechanik, japanische Gärten, den Bau von Katapulten, die abseitigen Sexualpraktiken drogensüchtiger Adliger, Iguanodons und darüber, was im Kopf von Richard Brautigan vorging – die Liste ließe sich endlos weiterführen! Und dann ist da natürlich die leutselige alte Dame in ihrer Strickjacke, die Ihnen jedes Mal höflich zulächelt, wenn Sie wieder mal reinschauen, aber von der Sie im Stillen vermuten, dass sie alles über den Marquis de Sade weiß. Bibliotheken sind Zeitmaschinen – vollgestopft mit allem, was Sie jemals werden wissen wollen oder verstehen können, und dabei eingekapselt in eine Hülle, die so absolut reizlos und unaufregend ist, dass Sie schon ein geheimes Passwort brauchen, damit Ihr Gehirn überhaupt Zugang dazu bekommen will. Dieses Passwort besteht aus einer Kombination von Neugier und freier Zeit.

DK

VERGESSEN

Manchmal müssen wir uns von der Last in unserem Kopf befreien und uns einfach sagen: Vergiss es. Alle Erinnerungen, gute wie schlechte, sanft aus unserem Bewusstsein strömen lassen. »Die Türen und Fenster des Bewusstseins zeitweilig schließen«, schrieb Nietzsche, »von dem Lärm und Kampf, mit dem unsere Unterwelt von dienstbaren Organen für- und gegeneinander arbeitet, unbehelligt bleiben ... das ist der Nutzen der aktiven Vergesslichkeit, einer Türwärterin gleichsam, einer Aufrechterhalterin der seelischen Ordnung, der Ruhe, der Etikette«. Und weiter sagt Nietzsche von dieser so wichtigen Vergnügung: »Womit sofort abzusehn ist, inwiefern es kein Glück, keine Heiterkeit, keine Hoffnung, keinen Stolz, keine Gegenwart geben könnte ohne Vergesslichkeit.«

TH

KRITZELN

Stifte haben ihre eigenen unergründlichen Gesetze. Angekaut und ohne Kappe tauchen sie an den unmöglichsten Stellen auf oder sammeln sich in irgendeiner Schublade, auf die man nicht kommt. Hat man einen geschnappt, zeigt er sich womöglich widerspenstig, wenn Sie seine Tinte ans Licht der Welt zu bringen versuchen. Mit kreisenden Bewegungen auf einem Zettel bekommt man ihn in Gang, aber bis es so weit ist, haben Sie längst vergessen, wofür Sie ihn eben noch brauchten, und er benutzt Sie zum Kritzeln. Na, vielleicht zeichne ich jetzt mal was Tolles, denken Sie sich. Was wollte ich noch auf den Einkaufszettel schreiben? O nein! Noch so 'ne Kritzelei! Die Kritzelei ist die Seele des müßigen Stiftes. Gewiss, er ließe sich benutzen, um damit im Überschwang ein Meisterwerk zu verfassen oder widerwillig Darlehens- und Sparzinsen zu vergleichen, aber wie viel besser ist es doch, ihn kritzeln zu lassen. Die Kritzelei ist die ziellose Bummelei von Hand und Kopf. Auf allem können Sie herumkritzeln – auf alten Briefumschlägen, auf dem einsamen letzten Post-it-Zettel oder auf Ihren alten Schwimmurkunden. Kritzeleien überall!

DK

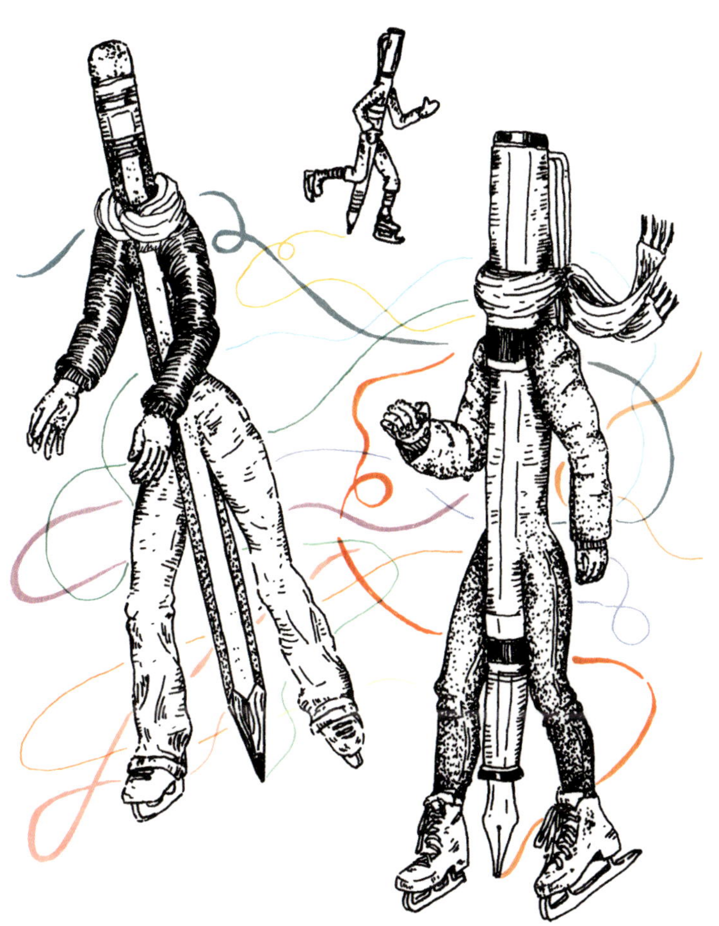

PANTOFFELN

In Zeiten der stets zum Aufbruch bereiten Turnschuhe sind die bescheidenen Pantoffeln ein vergessenes Vergnügen. Früher einmal kamen wir nach der Mühsal eines Werktags nach Hause, zogen die Schuhe aus und streiften damit zugleich symbolisch die Arbeitswelt ab, um in unsere Pantoffeln zu schlüpfen, das Sinnbild häuslicher Geborgenheit und Wärme, Daunendecken für die Füße, die zu tragen Sie davon abhalten wird, irgendeine Arbeit zu verrichten. Auf jeden Fall ist es unmöglich zu rennen, wenn man Pantoffeln trägt. Heute sind der Schuh und der Pantoffel zu einer Einheit verschmolzen – dem Turnschuh –, und das Vergnügen, das ihr Unterschied einst bereitete, ist vergessen. TH

GÄHNEN

Es ist herrlich ansteckend, aber schwer zu unterdrücken, wenn man sich in Gesellschaft eines nervtötenden Langweilers befindet: das Gähnen, das Sie ganz natürlich dazu einlädt, mal eine Pause zu machen. Schließen Sie die Augen, lehnen Sie sich zurück und entspannen Sie, während ein Gefühl der Trägheit Ihren Mund erfüllt. Ziehen Sie genüsslich Luft durch die Nase ein, während Ihre Augen leicht wässrig werden, und freuen Sie sich auf Ihren unmittelbar bevorstehenden Triumph. Dann stoßen Sie kraftvoll Ihr Gähnen heraus wie ein satter Löwe in der Abendsonne.

DK

ANGELN

Angeln ist Meditation für jedermann, eine Art entschuldbarer Müßiggang. Sie tun nichts und tun dabei irgendwie doch etwas. Das Angeln verbindet Tätigkeit und Untätigkeit auf harmonische Weise. Es gibt uns die Möglichkeit, dazusitzen und die Natur zu betrachten oder aufs Wasser zu blicken, kurz: unsere Sinne zu gebrauchen. Beim Angeln sehen, hören, riechen wir intensiver als gewöhnlich im Alltag. Auch der Tee und das Sandwich schmecken uns irgendwie besser, während wir am Ufer sitzen. Und falls es Ihnen tatsächlich gelingt, einen Fisch zu fangen, so ist das ein zusätzlicher Bonus. Dem Müßiggänger in Ihnen allerdings kommt es darauf nun wirklich nicht an.

TH

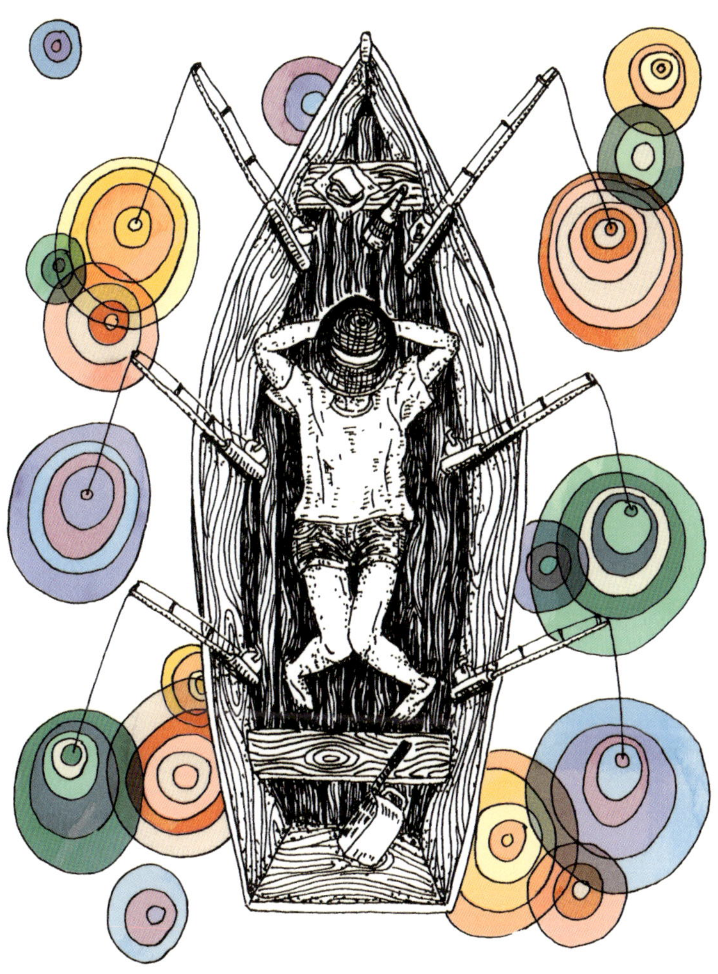

AUF UND AB GEHEN

Auf und ab zu gehen bringt das Gehirn in Schwung. Wollen Sie ein Problem überlegen oder sich eine Frage durch den Kopf gehen lassen, dann hilft es, dabei herumzulaufen. Zwar mag der Große Faulpelz die Devise ausgegeben haben: »Niemals rennen, wenn man auch gehen kann, niemals gehen, wenn man auch sitzen kann, niemals sitzen, wenn man auch liegen kann«, aber auf und ab zu gehen ist längst nicht so halbherzig, wie es klingt. Hier geht es nicht um das rastlose Stampfen eines frustrierten Handelsvertreters, sondern um einen gemütlichen Spaziergang, eine Rundtour durch Ihre Wohnung. Ziehen Sie unbehelligt Ihre Kreise im Zimmer oder tauchen Sie ab in den Flur, während Sie sich über eine schwierige Angelegenheit den Kopf zerbrechen. Auf und ab zu gehen ist dem trägen, denkenden Menschen kongenial. Es bringt Sie dazu nachzudenken, zerpflückt jedes Dilemma und zieht im Handumdrehen ausgewachsene Ideen aus Ihrem eben noch dumpf vor sich hin brütenden Hirn. Es weckt Sie auf, wenn Sie sich im Halbschlaf befinden, aber es führt Sie nirgendwohin, wo es riskant werden könnte. In die Küche zum Wasserkessel etwa, um einen Tee zu kochen, oder zur Wäscheleine, um ein paar nasse Hosen aufzuhängen und den Rest der Wäsche aus der Trommel zu holen.

DK

STEINE HÜPFEN LASSEN

Steine hüpfen lassen ist völlig kostenlos und immer ein großer Spaß – und es bringt uns in Verbindung mit dem Wasser und dem unendlich fernen Drüben. Haben Sie es auf fünf kleine Hüpfer abgesehen oder auf zwei richtig große? Welche Steine hüpfen am besten? Wessen Stein fliegt am weitesten aufs Meer hinaus? Schafft es jemand bis ans andere Ufer des Sees? Und dann ist da die Suche nach dem glattesten Stein: nicht zu klein, aber auch nicht zu schwer soll er sein und so platt wie möglich, um optimal hüpfen zu können. Vergleichen Sie bloß den schieren körperlichen Genuss und den Kontakt mit der Natur, den das Hüpfenlassen von Steinen Ihnen bietet, mit der langweiligen Einförmigkeit und den immensen Kosten digitaler Unterhaltung. TH

FRÖHLICH SEIN

Die besten Abende lassen sich nicht planen. Es sind die Abende, an denen einfach alles passt. Abende, an denen Sie eigentlich nur schnell auf ein Glas in die Kneipe wollten und am Ende in trunkener Umarmung mit Ihrem neuen besten Freund nach Hause wanken, wenn der Morgen schon über dem Fluss dämmert. Kaum zu glauben, dass es in ein paar Stunden bereits wieder heißt: An die Arbeit! Mit Späßen, Spielereien und ungewöhnlichen Drinks zu einer Begleitmusik, wie der Zufall sie spielt, vergeht die Zeit im Flug. Sobald Sie auf der Piste sind, entwickeln Sie ein Gespür für das, was der Abend und die Leute in Ihrer Umgebung Ihnen bringen könnten, und dabei lernen Sie Ecken und Winkel Ihrer Stadt kennen, in die Sie sonst im Traum nicht gekommen wären: schräge Kneipen, Kellerclubs und vergessene Grünanlagen. Gemeinsam mit den Katzen machen Sie sich schließlich auf den Heimweg, vorbei an pfeifenden Kehrfahrzeugen, Nachtbussen und den ersten Postboten. Sie begrüßen Ihre Haustür mit einem zufriedenen Grinsen und wundern sich, wie entspannt und nüchtern Sie sich auf einmal fühlen. Gerade noch Zeit genug für zwei, drei Tassen Kaffee, bevor Sie wieder rausmüssen zur Arbeit.

DK

IM GRAS LIEGEN

Nichts zu tun könnte unseren Planeten vielleicht gerade noch retten. Wenn Sie im Gras liegen, kommen Sie mit der Erde in Berührung, ohne ihr zu schaden. Wenn in den letzten zweihundert Jahren alle Leute die ganze Zeit im Gras gelegen hätten, statt Fabriken, Autos, Waffen und Flugzeuge zu bauen, hätte es deutlich weniger Todesopfer und Umweltzerstörung gegeben. Der Weg zur Rettung unseres Planeten besteht darin, damit aufzuhören, ihn anzugreifen, weshalb einfach darauf zu liegen ein radikaler Akt der Heilung ist.

TH

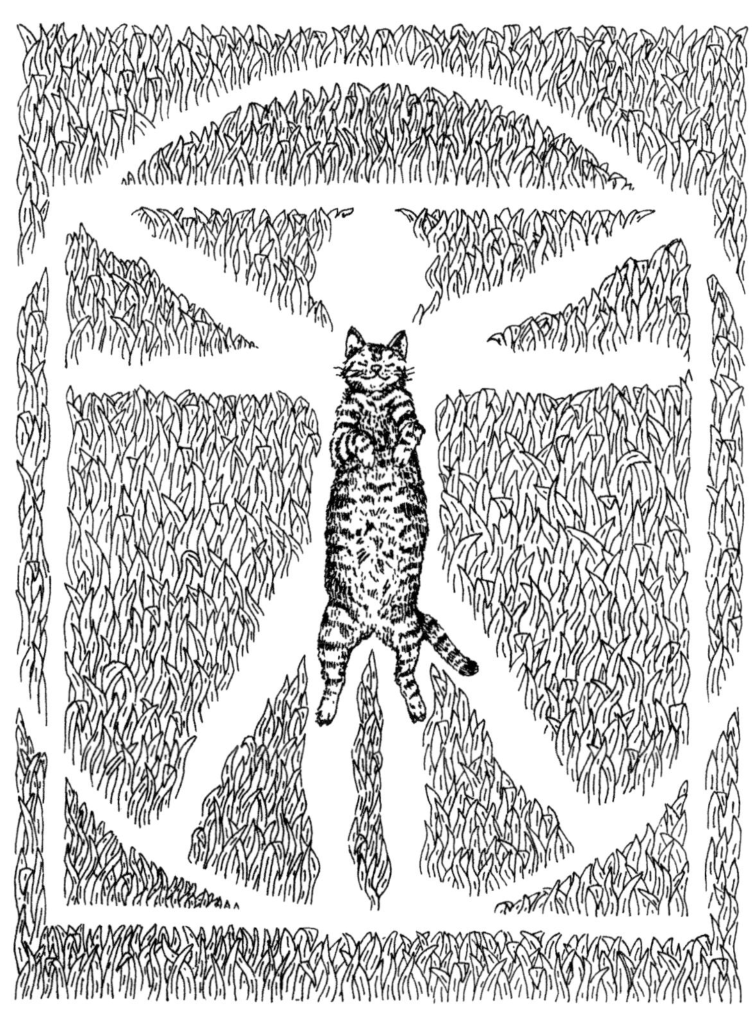

ZUSCHAUEN, WIE DER FLUSS FLIESST

Auf einer Brücke zu stehen und zuzuschauen, wie der Fluss unter mir dahinfließt, ist immer ein Lieblingszeitvertreib von mir gewesen. Aufgewachsen an den Ufern des Esk in Musselburgh, trödelte ich früher gern auf der alten Römerbrücke herum und verputzte eine warme Fleischpastete vom Bäcker um die Ecke, wenn ich eigentlich längst vom Nebengebäude unserer Schule zum Hauptgebäude hätte hetzen sollen. Schwäne und Enten sorgten für Ablenkung, und außerdem konnte man versuchen, Stichlinge und andere kleine Fische zu erspähen, wie sie unten im träge vorbeiströmenden Wasser hin und her schossen. Dann und wann sorgten an heißen Tagen Fabrikarbeiter oder betrunkene Gäste aus der nahe gelegenen Brig Tavern für meine Erheiterung, wenn sie barfuß ins Wasser gingen und einer von ihnen auf den glitschigen Steinen im Flussbett den Halt verlor. Schließlich warf ich den Enten die letzten Pastetenbrösel zu und machte mich auf den Weg zurück in die Schule, zu spät für die nächste Stunde, aber gestärkt durch die gestohlenen Minuten auf der Brücke.

JS

SCHMETTERLINGE FANGEN

»Meine Freuden sind die intensivsten, die der Mensch kennt«, schrieb der Tennisspieler und Schriftsteller Vladimir Nabokov, »Schreiben und Schmetterlinge.« Feldwege entlangzuwandern und dabei über die zerbrechliche Schönheit des Tagpfauenauges, des Großen Perlmutterfalters oder des Admirals zu staunen ist eine höchst vergnügliche Beschäftigung. Besorgen Sie sich also ein Netz und brechen Sie auf in die Wildnis, oder beobachten Sie so einen zierlich geschmückten Hauch von Nichts einfach, wenn er an Ihnen vorbeiflattert. TH

ABTAUCHEN

Wenn Ihnen das Leben zu viel wird, dann fallen Sie nicht auf die Pillen und Zaubertränke des Onkel Doktors herein, die alle nichts anderes bewirken sollen, als Ihren Körper möglichst schnell wieder arbeitstauglich zu machen. Haben Sie Vertrauen in sich und hören Sie auf sich, wenn Sie das Gefühl haben, dass etwas nicht in Ordnung ist. Nicht Sie sind es, was nicht in Ordnung ist. Sie zeigen nur eine absolut vernünftige Reaktion auf das Chaos der modernen Welt. Es ist völlig in Ordnung, von diesem Chaos dann und wann einfach genug zu haben.

Hängen Sie ein »Bitte nicht stören!«-Schild draußen an Ihre Tür, ignorieren Sie das Telefon, wenn es klingelt, schalten Sie den Computer aus, damit Sie keine »Elektropost« bekommen, stellen Sie Ihr Handy auf stumm und werfen Sie es in irgendeine unterste Schublade, vergessen Sie die Zeitung, ziehen Sie den Stecker des Fernsehers, verschieben Sie alle lästigen Pflichten auf morgen und kochen Sie sich eine Kanne Tee.

DK

WOLKEN BEOBACHTEN

Wenn wir innehalten in unserem erdgebundenen Gewusel und nach oben blicken, sehen wir, dass uns das Firmament ein ständig wechselndes Schauspiel bietet. Wolken verändern ihre Gestalt, sind immer in Bewegung und schweben dahin, keine zwei Sekunden ist der Himmel derselbe. Mit dem Lauf der Sonne ändern sich auch die Farben, und das Wechselspiel von Wind, Temperatur und Sonne erzeugt unaufhörlich neue, spektakuläre Bilder. Wolken nehmen pausenlos andere, fantastische Formen an und scheinen manchmal sekundenlang sogar Dingen aus unserer Welt zu gleichen: einem Esel, einer Schildkröte oder einer Bratpfanne. Gleich darauf sind sie wieder verschwunden, ständig sich verändernd, ohne feste Gestalt und doch nicht formlos, beständig und doch stets im Fluss.

TH

SCHNEE

Es ist früh. Mond und Sterne verblassen allmählich und machen dem ersten Glimmen der Dämmerung Platz, während Sie die Tür schließen und sich vorsichtig nach draußen schleichen, in der Hoffnung, den Zauber nicht zu zerstören. Unter Ihren Stiefeln knirscht der wunderbare Schnee, der immer noch fällt und sich Schicht für Schicht sachte auf jedes Fleckchen des Weges legt, der vor Ihnen liegt. Der Park ruft. Nach und nach löst die düstere Nacht ihren Griff und übergibt das Zepter einem Tag kindlicher Freude. Die Welt wirkt leer, aber gar nicht beängstigend. Über allem liegt ein Hauch von Stille und Ruhe.

DK

BLUMEN

Das Pflücken von Blumen im Garten, am Wegrand, auf der Wiese oder im Wald, um sie anschließend in einer Vase zu arrangieren, ehe man die Vase ins Fenster stellt, ist gewiss eine der köstlichsten unter den Vergnügungen, die nichts kosten. Der zeitlose Vorgang, Blumen zu schneiden und sie in der Vase zu einem Strauß zu ordnen, gibt Ihnen Gelegenheit, das Wunder der Blüten, der Farben und Blätter eingehender zu betrachten und dabei zu bemerken, wie sich jede Blume von jeder anderen ein wenig unterscheidet. Nicht zwei sind identisch. Ist sie nicht erstaunlich, die zauberhafte Natur, wie sie ganz gemächlich ihr ureigenes Feuerwerk hervorbringt, wie sie monatelang die winzigen Samenkörner im Dreck wachsen lässt, um uns schließlich mit ihrer Farbenpracht zu überraschen?

TH

IM SECONDHANDLADEN

Sollten Sie jemals in die Verlegenheit kommen, in einer fremden Stadt Zeit totschlagen zu müssen, dann suchen Sie einen Secondhandladen einer Wohltätigkeitsorganisation, und bevor Sie die Ladentür mit der abblätternden Farbe öffnen und das Glöckchen bimmelt, überlegen Sie sich schnell, welchen Autor Sie immer schon mal lesen wollten, aber aus irgendwelchen Gründen nie in die Finger bekommen haben. Stellen Sie ihn sich in Gedanken vor, dann treten Sie selbstsicher durch die Tür und steuern zielbewusst an den leicht muffig riechenden Kleidern und dem traurigen Regal mit abgelegten Spielsachen vorbei direkt auf die überladenen Bücherborde zu. Selbst wenn sie das Buch, das Sie suchen, oder etwas vom Autor Ihrer Wahl nicht haben sollten, gibt es da bestimmt etwas, auf das Ihr Auge fällt, und wenn Sie richtig hinschauen, dann können Sie sogar manche Überraschung erleben. In einem Wohltätigkeitsladen in Chichester habe ich auf diese Weise Edgar Allen Poes *Fantastische Erzählungen* zusammen mit einer Erstausgabe von George MacDonald Frasers hervorragendem *Quartered Safe Out Here* für schlappe 3 Pfund erstanden. Die Bücherregale in Wohltätigkeitsläden sind selten alphabetisch sortiert, weshalb sie zum Stöbern ideal geeignet sind. Sie sind wie ein durcheinandergeworfenes Puzzlespiel aus den Büchern der kürzlich Verstorbenen. DK

SICH AUF EIN GATTER LEHNEN

Nichts ist so kostenlos und einfach, wie sich auf ein Gatter zu lehnen. Das übliche Weidegatter mit seinen fünf Querstangen hat die oberste Stange genau auf der richtigen Höhe, um sich bequem darauf abstützen zu können. So an das Gatter gelehnt, können Sie in aller Ruhe der emsigen Natur bei ihrem Treiben zusehen. Sie können vergnügt lächeln, sinnieren oder träumen. Der Trick besteht darin, einen Fuß auf die unterste Stange des Gatters zu stellen. Das gibt Ihrem Gegen-das-Gatter-Lehnen eine gewisse Verbindlichkeit. Ohne den Fuß auf der untersten Stange wirkt es allzu vorübergehend. In dieser Haltung können Sie bequem bis zu einer halben Stunde auf das Gatter gestützt dalehnen.

TH

MIT DEM NACHTZUG FAHREN

Langsames Reisen bedeutet, dass man die Fahrt nicht als Strapaze betrachtet, sondern als Grund, überhaupt irgendwohin zu fahren. Das beste Beispiel dafür ist der Nachtzug. Wenn Sie sich Zeit nehmen, um irgendwohin zu fahren, gibt Ihnen das Gelegenheit, sich allmählich zu akklimatisieren, und verschafft Ihnen erst das richtige Reiseerlebnis. Sie können aus dem Fenster schauen, nachdem Sie Ihren Blackberry hinausgeworfen haben, und, wenn Sie schon einmal dabei sind, auch Ihren Laptop zu Hause lassen. Züge verfügen über riesige Panoramafenster, die dem müßigen Betrachter einen herrlichen Ausblick bieten. Genießen Sie es einfach, einmal absolut nichts zu tun. Lassen Sie Ihre Gedanken wandern und schwelgen Sie in Erinnerungen, die Ihnen sonst nicht in den Sinn kämen, weil Ihnen die Zeit dafür fehlt. Sinnieren Sie nach Herzenslust über alte Lieben und denken Sie an glückliche Momente mit Ihren besten Freunden zurück. Während der Zug dahinbummelt, kommen alle paar Augenblicke neue Landschaften und Menschen in Sicht, über die Sie Ihre neugierigen Blicke schweifen lassen können. Atmen Sie langsam ein und aus und genießen Sie das Gefühl, wie geruhsam und stressfrei das Reisen sein kann, vorausgesetzt, Sie nehmen sich genug Zeit dafür.

DK

SCHNITZEN

Lassen Sie Ihrer Kreativität freien Lauf, indem Sie einfach mit Ihrem Taschenmesser an einem Stock herumschnitzen. Staunen Sie darüber, wie befriedigend es doch ist, wenn der Stock sich vor Ihren Augen nur durch Ihrer Hände Arbeit in ein Kunstwerk verwandelt, wenn er wie durch Zauberei aus einem schlichten Ast zu einem Objekt der Schönheit wird, in dem auf einzigartige Weise Ihre Persönlichkeit zum Ausdruck kommt. Staunen Sie über die Wunder, die sich ereignen können, wenn Mensch und Natur in Harmonie zusammenwirken, und vergleichen Sie diesen lebensbejahenden Vorgang mit dem toten Glanz von Photoshop und PowerPoint.

TH

ZUSEHEN, WIE DER HAGEL AUFS PFLASTER PRASSELT

Von Zeit zu Zeit gefällt es den Göttern, uns in die Schranken zu weisen, indem sie uns die Macht der Natur in Erinnerung rufen. Es ist gewissermaßen eine Naturtherapie, die uns wiedererkennen lässt, was wirklich Bedeutung hat und wie unbedeutend wir alle demgegenüber sind. Was unsere Vorfahren dachten, wenn große Eisstücke als Tausende von Kugeln auf die Erde stürzten, können wir nur vermuten. Gewappnet mit wissenschaftlichen Erkenntnissen, können wir alle Furcht beiseitelassen und stattdessen einfach nur staunen über die urwüchsige Kraft dieser Eiskiesel, die bis eben noch in den Wolken hoch über unseren Köpfen durcheinandergewirbelt sind. Sie scheppern auf Autodächer und verwandeln das Pflaster der Straße in einen Schießstand, auf dem verängstigte Passanten schleunigst Reißaus unter ein schützendes Dach nehmen. Manchmal scheinen sie sogar die Scheiben unserer Fenster zerschmettern zu wollen, die von unserem erregten Atem so beschlagen sind, dass wir sie fieberhaft trocken zu wischen versuchen, um nicht zu verpassen, was die riesigen Eisbrocken als Nächstes anrichten werden. Allmählich weicht unsere Nervosität einer diebischen Freude, und wir feuern sie an bei ihrem mutwilligen Zerstörungswerk, mit dem sie die müde und schmutzige Erde zu reinigen versuchen.

DK

STERNGUCKEN

Auf dem Dach Ihres Autos zu liegen, über die ewigen Rätsel des Universums nachzusinnen und Gott dafür zu danken, dass man nicht Richard Dawkins ist, gehört sicherlich seit Urzeiten zu den am leichtesten verfügbaren Vergnügungen, die das Reich der Natur für uns bereithält. Aber was zum Teufel sind diese funkelnden Dinger? Existieren sie noch? Am Sterngucken kann man sich überall erfreuen, selbst wenn man »eingepfercht in volkreicher Stadt« lebt, wie Milton es beschrieb. Und trotz aller Bemühungen der Wissenschaftler, das Universum zu erklären, wird uns das Sterngucken auch weiterhin mit Staunen und köstlicher Verwirrung erfüllen.

TH

VÖGEL BEOBACHTEN

O einfach nur auf einer Wiese zu liegen und hinaufzublicken zu den vorüberfliegenden Vögeln, wie ich – und Sie vermutlich auch – es einst tat in Zeiten, als wir noch nicht einmal unseren eigenen Namen aussprechen konnten! Bussarde sind meiner Ansicht nach die Vögel, die sich am besten dazu eignen, unsere Blicke auf sie zu konzentrieren, denn anscheinend macht es ihnen geradezu Spaß, in luftigen Höhen herumzuhängen, vor allem an klaren Frühlingstagen, wenn sie auf der Suche nach einem Partner endlos ihre Kreise ziehen. Vorigen April habe ich einen fabelhaften Nachmittag damit verbracht, reglos im Gras zu liegen und drei verschiedene Bussarde dabei zu beobachten, wie sie sich hochschraubten und weit oben am Himmel zu schweben schienen. Sie waren so hoch aufgestiegen, dass ich sogar ein Fernglas brauchte, um mich davon zu überzeugen, dass es sich tatsächlich um Vögel handelte und nicht um Staubkörnchen, die auf meinen Augäpfeln trieben. Stundenlang sah ich ihnen bei ihren Spiralen, Loopings und Kurven zu, und als ich schließlich nach Hause ging, fühlte ich mich federleicht. Hätte ich mit den Armen auf und ab geschwungen, wäre ich vermutlich ein paar Meter in die Höhe geschwebt.

CY

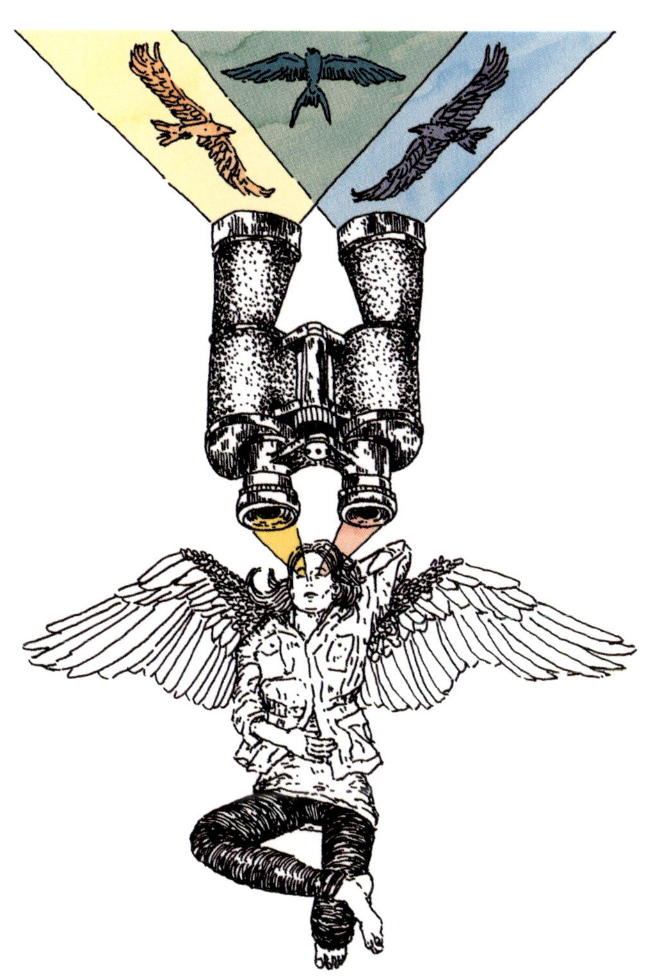

KLATSCH

Uns über das Tun und Lassen unserer Nachbarn und Freunde das Maul zu zerreißen ist eine höchst willkommene Ablenkung davon, vor unserer eigenen Tür zu kehren. Wirklich? Hätte ich nie gedacht. Ich fand immer, sie machten so einen glücklichen Eindruck. Hat er? Ach, die Arme. Na, ich will ja nicht Partei ergreifen, aber ich fand immer, dass er zu viel hinter den Frauen her war. Keine Ahnung, wie sie das ausgehalten hat. Hier bei uns ist es ja wie im Fernsehen, sagen wir, bis uns klar wird, dass wir gar kein Fernsehen brauchen, aus dem einfachen Grund, weil wir ja »hier bei uns« haben.

TH

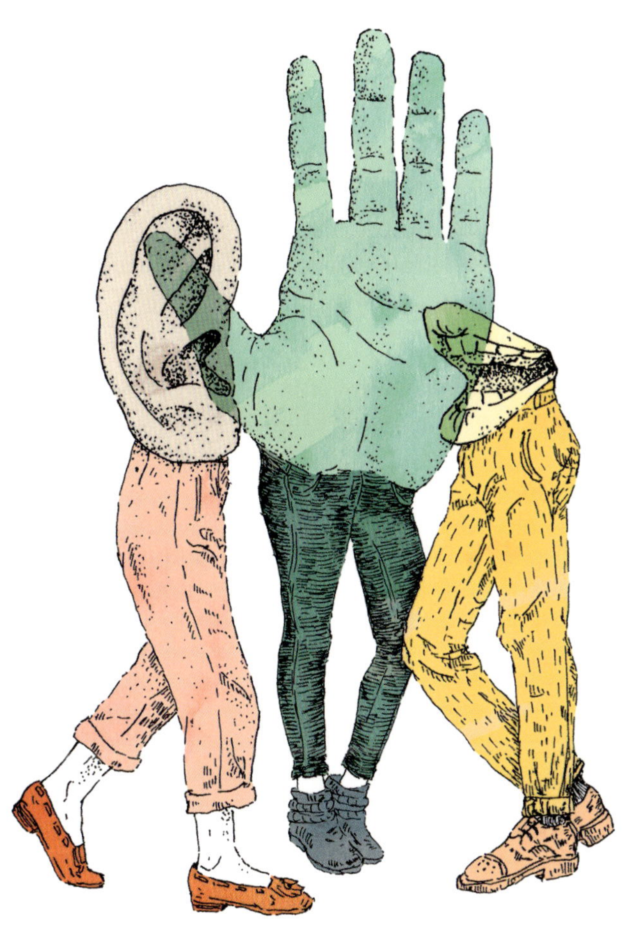

AN DER WAND LEHNEN

Wände und Mauern gibt es, anders als Parkbänke, überall, aber genau wie Parkbänke bieten sie Ihnen die Möglichkeit auszuruhen. Gönnen Sie sich einen Moment, um dem Treiben der Welt von Ihrem zeitweiligen Standpunkt aus zuzusehen. Wenn Sie nur so dalehnen, kommen Sie sich vielleicht bald etwas albern vor, aber mit einem Requisit können Sie eine ganze Weile so dalehnen. Ein abgegriffenes, zerknicktes Taschenbuch ist ausgezeichnet geeignet dafür, eine Zeitung hingegen sollten Sie auf gar keinen Fall verwenden. Einmal abgesehen von all dem trivialen Unsinn, mit dem sie gefüllt sind, haben Zeitungen die lästige Angewohnheit, selbst im leisesten Lüftchen zu flattern und damit unlesbar zu werden. Gönnen Sie sich also eine Verschnaufpause und lesen Sie noch ein Kapitel, ehe Sie weiterschlendern auf Ihrem Weg in den Park.

DK

SICH HERAUSPUTZEN

Hier ein wenig schnippeln, dort ein wenig glätten, ein bisschen Parfüm, ein bisschen zerzausen, ein paarmal in den Spiegel schauen. Bürsten Sie Ihr eigenes Haar oder bürsten Sie jemand anderem das Haar. Flechten Sie Zöpfe, legen Sie Scheitel, binden Sie Pferdeschwänze. Sich herauszuputzen ist die Kunst, seine Kreativität am eigenen Körper auszuleben. Selbst wenn Sie nur in der Nase bohren oder Ihre Ohren waschen. Ein paar kleine Korrekturen vor dem Spiegel, ein bisschen nachpudern, ein, zwei Spritzer zum Frischmachen. Immer ein Vergnügen. TH

PHILOSOPHIEREN

Manchmal muss man reden, um herauszufinden, was man denkt.

DK

AUF EINEM GRASHALM KAUEN

Beim Nachdenken auf einem Grashalm herumzukauen lässt sich durch nichts ersetzen, was die Welt der käuflichen Genüsse uns zu bieten hat. Pflücken Sie sich einen Stängel von der Wiese oder von der Brache neben den Bahngleisen, kauen und meditieren Sie. Es bereitet instinktiv Vergnügen und verwandelt Sie auf einfachste Art in einen Faulenzer vom Schlage eines Huckleberry Finn, eines Walt Whitman oder eines Thoreau, wenn Sie so ganz und gar sorgenfrei Nährstoffe aus der Pflanze saugen und nur den Augenblick genießen. Lassen Sie beim Grashalmkauen Ihren Blick in die Ferne schweifen, nicken Sie weise mit dem Kopf und lächeln Sie mit der ganzen Lebensklugheit eines taoistischen Mönchs, und wer weiß, vielleicht befinden Sie sich bereits auf dem Weg der Erleuchtung.

TH

IN GUTER GESELLSCHAFT

Es ist Abend geworden nach einem warmen Sommertag. Der Wein zirkuliert durch Sie und Ihre Freunde, aber nicht, um Ihnen die Zungen für eine politische Diskussion zu lösen, die womöglich in einem Riesenstreit endet, sondern um sich in schallendem Gelächter und Geschnatter über alte Erinnerungen zu ergießen. Längst vergessene Geschichten aus vergangenen Zeiten werden heraufgespült und große Pläne geschmiedet für eine Zukunft, die erst noch gelebt sein will. Gemeinsam bei Brot und Wein am Grill Anekdoten auszutauschen – die schlichte Freundlichkeit, für die Menschen zu sorgen, die Sie lieben.

DK

KARTENHÄUSER BAUEN

Ein Kartenhaus, an sich völlig nutzlos, ist eine zerbrechliche, schwierige und höchst befriedigende Sache. Es ist so, als würden Sie versuchen, am Küchentisch Ihre eigene Kathedrale im Kleinformat zu bauen. Ein Atemhauch oder die leiseste Berührung mit dem Hemdsärmel kann das Ganze zum Einsturz bringen, was uns an die Hinfälligkeit aller irdischen Werke des Menschen und an die Eitelkeit des menschlichen Wollens erinnert.

TH

RADFAHREN

Das Fahrrad ist vermutlich das großartigste und vergnüglichste Verkehrsmittel, das je erfunden wurde. Radfahren ist wie zu Fuß gehen, nur mit einem Zehntel der Anstrengung. Radeln Sie durch eine Stadt, und Sie werden ihre Geografie so gut kennenlernen wie kein motorisierter Verkehrsteilnehmer, der überall von Einbahnstraßenschildern und Staus eingeschränkt wird, es je könnte. In Minutenschnelle können Sie von einem Ende zum anderen sausen. Sie überholen 250 000 Euro teure Sportwagen, die alles andere als rasant vorankommen. Und Sie können so gut wie überall parken. Radfahren vermittelt so ungefähr das größte Gefühl der Freiheit, das man in einer städtischen Umgebung empfinden kann. Es ist eigentlich unglaublich, dass man sich in einer modernen Großstadt so frei fühlen kann – eines Tages werden sie bestimmt einen Weg finden, durch Steuern und bürokratische Vorschriften dem Radfahren den ganzen Spaß zu nehmen. Zum Glück ist es noch nicht so weit. Genießen Sie es also, solange Sie können – so etwas Tolles gibt es erfahrungsgemäß nicht ewig. DF

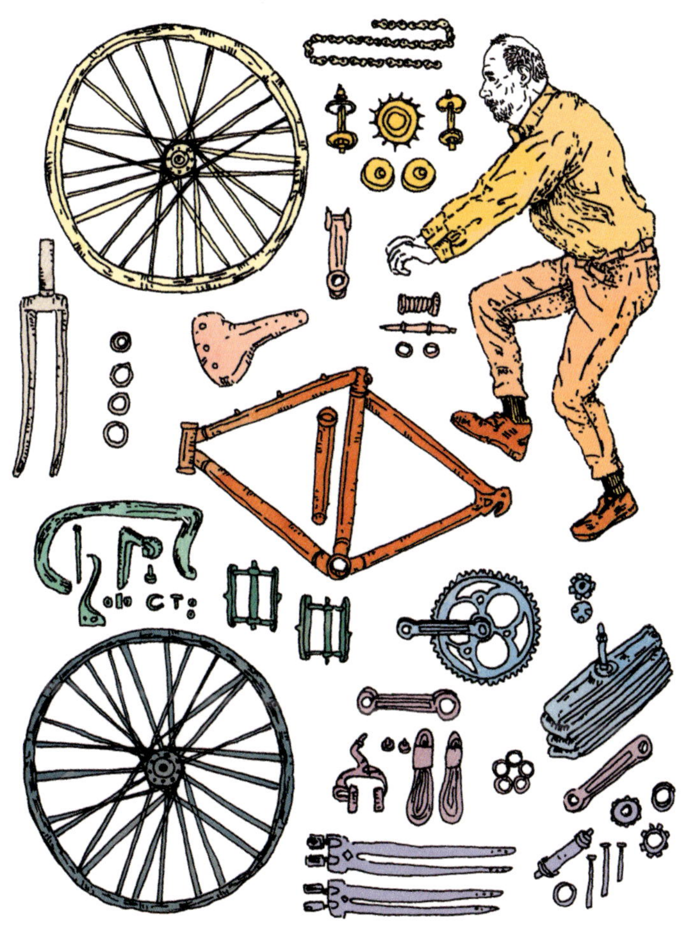

TANZEN

Leider schwingen die meisten von uns das Tanzbein nur auf Hochzeiten nach Einnahme großer Mengen Alkohols, genügend jedenfalls, um alle Hemmungen abzuwerfen und den eigenen Körper halbwegs im Takt der Musik zu bewegen. Das ist eine Schande, keine Frage. Vor gar nicht so langer Zeit noch tanzten wir jeden Abend nach dem Essen. Tanzlehrer gingen in vielen Häusern ein und aus. Tanzen ist Wirklichkeitsflucht und Vergnügen pur: Als wirbelnde Derwische vergessen wir unsere Sorgen und unseren Streit. Tanzen kann außerdem Vorspiel zum Sex sein und uns daran erinnern, dass das Leben dazu da ist, gelebt und genossen zu werden. Fröhlichkeit, Festlichkeit und Rituale sind nahezu verschwunden aus unserem Leben. Bringen wir sie wieder hinein.

TH

SCHALLPLATTEN SORTIEREN

(Diese besondere Vergnügung lässt sich nicht auf andere Medien übertragen, mit Ausnahme von Büchern. Wer versucht, CDs oder MP3-Audiodateien zu sortieren, wird bitter enttäuscht werden.)

Manche bevorzugen die naheliegende Methode, nach Alphabet, Musikrichtung oder Erscheinungsmonat und -jahr zu sortieren, aber es gibt natürlich auch erheblich radikalere Ordnungskriterien. Ich kannte mal einen Mann, der seine Platten nach dem Pantone-Farbfächer sortierte und seinen Gästen auf diese Weise an der einen Wand seines Wohnzimmers einen regelrechten musikalischen Regenbogen präsentierte. Das Reizvolle an einer ausgefallenen Sortierweise ist, dass Dinge, die sonst übersehen würden, die Chance erhalten, sich abzuheben vom Rest. Außerdem kann es zu neuen, ganz unerwarteten Begegnungen kommen. Wann sonst hätte man Anlass, über die Gemeinsamkeiten eines Gitarrenstücks von Prince und der neuesten Scheibe von Metallica nachzudenken? Wer weiß, was das für Ihr nächstes Mixtape bedeutet? Bücher können ebenfalls von einer gewollt unorthodoxen Anordnung in Ihrem Regal profitieren. Wie soll Agatha Christie je zur Geltung kommen, wenn sie immer neben Raymond Chandler stehen muss? Oder denken Sie an den armen Charles Darwin, der stets die Nachbarschaft seines Speichelleckers Richard Dawkins ertragen muss. Es sei denn natürlich, in Ihren Regalen herrscht ohnehin ein einziges Durcheinander – in welchem Fall es sich vielleicht anbietet, mal zu sortieren oder umzusortieren, ganz nach Lust und Laune. DK

LEGEND
Queen II
ALADDIN SANE

IM WASCHSALON

Der riesige Seesack, eigentlich zugeschnitten auf die Bedürfnisse der Besatzungsmitglieder einer Jacht auf Weltreise, ist irgendwie zu klein für Ihre ganzen Hemden und Hosen. Mit einem Kraftakt wuchten Sie ihn sich auf die Schulter und torkeln damit die Straße entlang zum Waschsalon. Sie öffnen die Tür, und Wärme schlägt Ihnen entgegen. Die Dame mit dem freundlichen Lächeln, das ihre schlechten Zähne verbirgt, schlurft hin und her auf der Suche nach einer freien Maschine. Schließlich findet sie eine und gestikuliert in Ihre Richtung. Diese eine Maschine genügt, um Ihre ganzen Klamotten auf einmal in sich aufzunehmen. Waschpulver in die Schublade und Münzen in den Schlitz – und schon sehen Sie Ihren Unterhosen dabei zu, wie sie in der weißen Schaumbrühe langsam herumgewälzt werden.

Das Buch, das Sie gerade lesen, ist eigentlich spannender als die Sportseiten in der Tageszeitung; trotzdem blättern Sie kopfschüttelnd darin, ehe Sie sich in Ihr Buch vertiefen. Ach, wie herrlich ist sie, die erzwungene Untätigkeit.

Eine Stunde später ist alles erledigt. Sie sind ein bisschen enttäuscht, dass Sie Ihr behagliches Refugium so schnell schon wieder für eine Woche aufgeben müssen. Doch der Sack fühlt sich leichter an, und auf dem Heimweg schmiegen sich die warmen Kleider behaglich an Ihre Schulter.

DK

SICH NASS REGNEN LASSEN

Wir machen uns eine Menge überflüssiger Umstände und Sorgen mit all dem Gewese, das wir anstellen, um während eines Wolkenbruchs trocken zu bleiben. Wie befreiend ist es dagegen, die ganze Idee des Trockenseins fahren zu lassen und sich den Sturzfluten einfach auszuliefern. Laufen Sie nicht, schlendern Sie. Blicken Sie nach oben, lächeln Sie und genießen Sie, wie das Wasser vom Himmel Ihr sorgenzerfurchtes Gesicht erfrischt. Je nasser Sie werden, umso freier fühlen Sie sich. Und wenn Sie dann wieder drinnen sind und tropfend auf Ihrer Fußmatte im Flur stehen, werden Sie aus dem Lachen gar nicht mehr herauskommen. Ziehen Sie Ihre durchweichten Kleider aus und dann ab ins Badezimmer (was umso mehr Spaß macht, wenn Sie nicht allein sind). Jeder Quadratzentimeter Ihres Körpers ist völlig durchnässt, und das Wasser rinnt in großen Tropfen von Ihrer Nase. Trocknen Sie sich gut ab, wickeln Sie sich in einen Bademantel und dann setzen Sie sich mit einer dampfenden Tasse Tee aufs Sofa und verschlingen eine Schachtel Kekse.

TH

GRABSTEINE LESEN

Ich war zu früh dran für die Hochzeit. Also schlenderte ich über den Friedhof an der Kirche. Die Namen der Toten zogen an mir vorüber. Immer weiter ging ich, bis mich ein Doppelgrab anhalten ließ. Es sah aus wie ein Hochbeet mit einer breiten Steintafel dahinter, die über das ganze Kopfende reichte. Das Grab selbst bestand nur aus einer rauen Steinplatte mit einer leeren Vase aus Granit in der Mitte.

Auf der linken Seite der Steintafel waren die Worte eingraviert:

WING COMMANDER ANDREW PHILLIPS
geboren am 3. April 1918
vermisst über Frankreich am 7. Juni 1940
Geliebter Ehemann von Connie

Auf der rechten Seite stand:

CONNIE PHILLIPS
geboren am 7. Mai 1920
gestorben am 17. November 2002

Die Tatsache, dass sie nie wieder geheiratet hatte, nachdem sie ihren 22 Jahre alten Mann verloren hatte, als sie selbst gerade zwanzig war, hatte etwas wunderbar Herzergreifendes. Bilder von Großbritannien im Zweiten Weltkrieg stiegen in mir auf, Gedanken an die kurzen Momente des Glücks, die diesen beiden Menschen vergönnt gewesen waren. An die sechs Jahrzehnte ihrer Trauer, nachdem sie ihn verloren hatte, einen der Spitfire-Piloten vielleicht, Churchills »kleine Schar«. Stellen Sie sich vor, wie sie gewartet hat damals, ohne jede Hoffnung trotzdem darauf hoffend, dass er eines Tages doch noch zurückkäme.

Dann jedoch ging mir plötzlich auf, dass sie allein da unter dem Stein lag, den sie so lange so liebevoll gepflegt hatte, während er vielleicht irgendwo an einem Feldrand in Frankreich begraben lag, und das war zu viel für mich. Aber trotz der Tränen, die über meine Wangen liefen, fühlte ich mich irgendwie gestärkt, als ich zur Kirche zurückging. Ich bemerkte, wie ich im Stillen lächelte. Darüber, einfach so auf ihre Geschichte gestoßen zu sein und dass diese Geschichte einen, der nicht das Geringste mit ihnen zu tun hatte, nach so vielen Jahren noch zu Tränen rühren konnte.

DK

PAPIER FALTEN

Ob Sie einen Brief falten, um ihn in einen Umschlag zu stecken, einen DIN-A4-Bogen falten, um einen Papierflieger daraus zu bauen, oder ein quadratisches Stück Papier zu einer Wasserbombe oder einem Himmel-oder-Hölle-Spiel falten – allein schon die Wirkung des bloßen Faltens auf ein flaches Stück Nichts hat etwas zutiefst Befriedigendes. Unter Ihren Händen verwandelt sich ein weißes Blatt in etwas Schönes, Lustiges oder Nützliches, und für ein paar Augenblicke werden Sie an Ihrem Schreibtisch zu einem Kunsthandwerker. Das ist die Schönheit des Origami: Es ist bürofreundlich und absolut kostenlos. TH

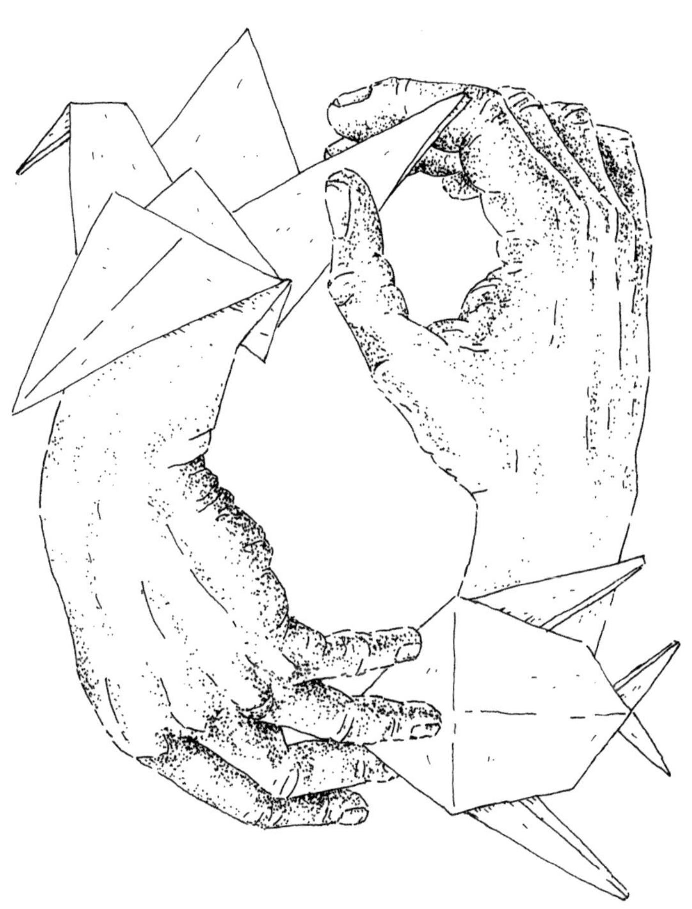

BETRUNKEN NACH HAUSE GEHEN

Betrunken zu sein hat eine Reihe seltsamer Wirkungen. Zu den interessanteren Eigenschaften des Betrunkenseins gehört die Fähigkeit, zu Fuß vergleichsweise mühelos Entfernungen zu überwinden, die im nüchternen Zustand entsetzlich weit wären. In England heißt das im Volksmund »catching the beer scooter home« – den Bierroller nach Hause nehmen –, eine wundersame Transportmethode, die einen bis an die eigene Haustür befördert, ohne dass man recht wüsste, wie man dorthin gelangt ist.

Der betrunkene Gang nach Hause ist außerdem eine nette Methode, die Nachwirkungen des Abends abzuschütteln. Nichts ist ein besserer Abschluss für ein feuchtfröhliches Mahl oder eine durchzechte Nacht als ein vergnüglicher Spaziergang nach Hause. Die verfügbaren Alternativen – ein Nachtbus voller herumbrüllender Idioten, ein Taxi, dessen Fahrer den Weg nicht kennt und anschließend ein Vermögen dafür kassieren will, eine Bahn voller Leute, die widerlich riechendes Fast Food mampfen – sind meist nicht sonderlich attraktiv. Lassen Sie sich lieber von Ihrem persönlichen Fahrer, Ihren Füßen, nach Hause bringen. Die menschenleeren Straßen geben dem Ganzen einen zusätzlichen Reiz. Es ist eine wunderbar besinnliche Gelegenheit, um über den eigenen Platz in der Welt nachzudenken. Das eine Mal, wo nichts im Leben Ihnen im Mindesten kompliziert vorkommt. Wenn Sie sich bloß am nächsten Morgen noch daran erinnern könnten. DP

MIT DEM HUND RAUSGEHEN

Man muss, wie Walt Whitman einmal geschrieben hat, wirklich hinausgehen, wenn man Schönheit und Poesie erleben will: »Die leidenschaftliche Unbeirrbarkeit der Jäger, der Waldläufer und Frühaufsteher, der Gärtner, Obstbauern und Feldarbeiter …, des seefahrenden Volkes, der Pferdelenker, ihre Leidenschaft für Licht und frische Luft – das alles ist ein altes untrügliches Zeichen für die abhandenkommende Wahrnehmung des Schönen und für das Poetische, das in den Leuten wohnt, die ihr Leben im Freien verbringen.« Weil ein Hund Gassi gehen muss, sind Sie als Hundebesitzer genötigt, Ihren Platz im Warmen zu verlassen und ein paar Züge frischer, belebender Luft zu schnappen. Und die Freude des Tiers, wenn es schnuppern und herumtollen kann, überall neugierig herumschnüffelnd und dabei immer ganz mit dem beschäftigt, was es gerade tut, überträgt sich auf seinen Besitzer, und so empfinden auch Sie echte Freude. Und wie angenehm es dann ist, wieder ins Warme zurückzukehren, nachdem Sie Ihre Lungen mit tiefen Zügen frischer Luft gefüllt haben, und dabei zuzuschauen, wie Ihr Hund sich behaglich zusammenrollt und einschläft.

TH

IN EINER HÄNGEMATTE LIEGEN

Kaum eine menschliche Erfindung kann es mit der unscheinbaren Hängematte aufnehmen. Ursprünglich kommt sie, wie Sie sich vielleicht schon gedacht haben, aus der Karibik und wurde vermutlich von einem phlegmatischen Fischer erfunden, der auf die Idee kam, sein Netz auf andere Weise sinnvoll zu verwenden, nachdem er mit dem Fischefangen für den Tag abgeschlossen hatte. Also hängte er es zwischen zwei Bäumen auf und legte sich darin schlafen, was ihm auch die Mühe ersparte, nach Hause zu gehen, um am nächsten Morgen in aller Eile wieder an seinen Arbeitsplatz zurückzukehren. So über dem Boden schwebend war er in Sicherheit vor all den wimmelnden Krabbeltieren, die in der Nacht vorbeitippeln mochten, ganz zu schweigen von einer übereifrigen Mitternachtsflut, und konnte außerdem eine Stunde länger schlafen, weil er sich die Pendelei unter den Kokospalmen, um am nächsten Morgen zu seinem Fischerboot zu gelangen, sparte. Das Wort »hängemattbar« (als Bezeichnung für zwei Bäume, die sich genau im richtigen Abstand zueinander befinden, um eine Hängematte zwischen ihnen aufspannen zu können) steht zwar nicht im Duden, sollte es aber. Es ist mit Sicherheit das faulste Wort, das je geschrieben wurde. Ich würde eine Kampagne starten, um mich für seine Aufnahme in die nächste Auflage einzusetzen, aber ich kann mich einfach nicht aufraffen aus meiner Hängematte, in der ich gerade liege und dies schreibe. Stattdessen schlafe ich hier lieber 'ne Runde in meinen Klamotten. Gute Nacht. DK

DIE AUTOREN

TH	Tom Hodgkinson
DK	Dan Kieran
DP	Daniel Pemberton
CY	Chris Yates
JS	Jock Scot
VH	Victoria Hull
MDA	Matthew de Abaitua
NL	Nick Lezard
AM	Andrew Male
JD	Jamie Dwelly
JM	John Mitchinson
MB	Michael Bywater
IV	Ian Vince

Stephanie F. Scholz ist in Tokio geboren und in Australien aufgewachsen. In Berlin studierte sie an der Universität der Künste Illustration und Drucktechniken. Seit 2011 arbeitet sie regelmäßig für die *taz* und für verschiedene Plattenfirmen.

Tom Hodgkinson und Dan Kieran lernten sich bei der Arbeit für den *Idler*, eine Monatszeitschrift für den Müßiggänger, kennen. Beide propagieren leidenschaftlich einen gemächlichen Lebensstil in ihren Büchern (Hodgkinson: *Anleitung zum Müßiggang*, *Die Kunst, frei zu sein*, *Leitfaden für faule Eltern*, *Schöne alte Welt*; Kieran: *Slow Travel*).

Der Prophet aller Faulenzer

„Amüsant, kulturgeschichtlich hochinteressant und herrlich versnobt.“
Frankfurter Allgemeine Zeitung

„Seine Erfolge und Misserfolge kommentiert der exzentrische Brite höchst unterhaltsam mit spitzer Feder und entzaubert dabei wohltuend die Idylle, wenn er beispielsweise mit dem Luftdruckgewehr gegen die Ratten im Hühnerhof ausrückt.“
report.at

„Das Gegenserum zu den Krankheiten des Kapitalismus“ ***greenpeace magazine***

„Tom Hodgkinson ist der Propagandist eines schönen Lebens abseits des kapitalistischen Hamsterrades. Er denkt die Welt neu und findet immer mehr Anhänger(...)macht Spass zu lesen!“
ORF

„Wer Lust auf's Landleben hat, der sollte erst mal *Schöne alte Welt* von Tom Hodgkinson lesen.“
VOGUE

Das Buch für den reisenden Müßiggänger

„Das schönste Reisebuch des Jahres"
Süddeutsche Zeitung

„Unprätentiös und charmant unterlegt Kieran seinen Text mit einem Mosaik aus Zitaten von Autoren wie Albert Einstein und Václav Havel. Auch Lesen kann eine Reise sein. *Slow Travel* löst dieses Versprechen überzeugend ein. Es zeigt: Wer wirklich die Welt zu erkunden sucht, muss dies langsam und insbesondere am Leitfaden der eigenen Intuition tun."
Frankfurter Allgemeine Zeitung

„Eine tiefenentspannte Reflexion übers Reisen für Müßiggänger ...*Slow Travel* ist kein Lehrbuch der Reise-, sondern vielmehr der Lebenskunst."
Cicero

„*Slow Travel* ist für Menschen, die aufhören wollen Urlaub zu machen und anfangen wollen zu reisen."
Die Welt

„Kierans Buch ist ein erheiternder und gelehrter, von Polemik und einer gehörigen Portion Ironie lebender Essay, der zum Träumen anregt."
OFR

ROGNER & BERNHARD

Mit einem Vorwort von **Tom Hodgkinson**
Aus dem Englischen von Yamin von Rauch
228 Seiten
19,95 €
ISBN 978-3-95403-012-5

Buch und E-Book sind jetzt Freunde.
www.hardcover-plus.de

Buch und E-Book sind jetzt Freunde!

Der Kauf dieses Buches berechtigt Sie zum einmaligen Download des Textes als E-Book. Damit Sie lesen können, wie und wo Sie wollen.

Dies ist Ihr Code für den Download des E-Books:

HKIPHX9CERB

Gehen Sie auf www.hardcover-plus.de und geben Sie den Code dort ein.

Bitte beachten Sie, dass die Weitergabe des E-Books an Dritte nicht gestattet ist.